BIBLIOGRAPHISCHER DIENST STAAT UND RECHT

Herausgeber:
DEUTSCHES INSTITUT FÜR RECHTSWISSENSCHAFT
Potsdam-Babelsberg

Jahrgang 3/1957 — Heft 4
Juli/August

AKADEMIE-VERLAG · BERLIN

Inhaltsverzeichnis:

Auslieferungen:

Für das Gebiet der Deutschen Demokratischen Republik: LKG-Leipziger Kommissions- und Großbuchhandel, Leipzig C 1, Leninstraße 16

Für das Gebiet der Deutschen Bundesrepublik: KUNST UND WISSEN Inh. Erich Bieber, Stuttgart N, Hospitalstraße 33a

Für das gesamte Ausland: Deutsche Buch-Export und -Import GmbH., Leipzig C 1, Postschließfach 276, oder Akademie-Verlag GmbH., Berlin W 8, Mohrenstraße 39

Bestellungen sind zu richten an eine Buchhandlung oder an die Post

---

Herausgeber und verantwortlich für den Inhalt: Der Direktor des Deutschen Instituts für Rechtswissenschaft. Redaktion: Dr. Renate Bellmann und Jochen Dötsch, Potsdam-Babelsberg, Karl-Marx-Straße 2. Verlag: Akademie-Verlag GmbH., Berlin W 8, Mohrenstraße 39, Fernruf: 200386, Postscheckkonto: 35021. Bestell- und Verlags-Nr. dieses Heftes: 1049/3/4. Die Zeitschrift erscheint zweimonatlich. Bezugspreis für den Jahrgang einschließlich Register: DM 22,20; Einzelheft: DM 3,70. Veröffentlicht unter der generellen Druckgenehmigungs-Nr.: Ag 715/57 DDR. Gesamtherstellung: VEB Druckerei „Thomas Müntzer" Bad Langensalza.

A. BIBLIOGRAPHIE AUS ZEITSCHRIFTEN DER DEUTSCHEN DEMOKRATISCHEN REPUBLIK, DER SOWJETUNION UND DEN LÄNDERN DER VOLKSDEMOKRATIE

Diese Bibliographie enthält eine Auswahl einschlägiger Artikel aus folgenden Zeitschriften: 1)

a) Deutschsprachige Zeitschriften

Ahdl.	= Der Außenhandel, Berlin	1957,H.8-10
Arb.	= Die Arbeit, Berlin	1957,H.3-5
ArbR	= Arbeitsrecht, Zeitschrift für Theorie und Praxis, Berlin	1957,H.4-5
Aufb.	= Aufbau (Kulturpolitische Monatsschrift), Berlin	1957,H.3/4
A.u.S.	= Arbeit und Sozialfürsorge, Berlin ...	1957,H.8-11
Ber.Dt.Wirtsch.Inst.	= Berichte des Deutschen Wirtschafts-instituts, Berlin	1957, H.3-4
ddz	= Dokumentation der Zeit, Berlin	1957,H.140-142
Dem.Aufb.	= Demokratischer Aufbau, Berlin	1957,H.7-10
Dem.u.R.	= Demokratie und Recht, Berlin	1957,H.2
DFW	= Deutsche Finanzwirtschaft, Berlin ...	1957,H.8-9
Dt.Auss.pol.	= Deutsche Außenpolitik, Berlin	1957,H.4-5
Dt.Zs.Philos.	= Deutsche Zeitschrift für Philosophie, Berlin	1956,H.4-6 1957,H.1
Einh.	= Einheit, Berlin	1957,H.4-5
EuV	= Erfindungs-und Vorschlagswesen, Berlin	1957,H.7-10
Forum,Wiss.Beil.	= Wissenschaftliche Beilage des Forum, Berlin	1957,H.2-10
Hdl.	= Der Handel, Berlin	1957,H.4-5
Hswesen	= Das Hochschulwesen, Berlin	1957,H.4-5
Jug.Heimerz.	= Zeitschrift für Jugendhilfe und Heimerziehung, Berlin	1957,H.4-5
Nat.	= Die Nation, Zeitschrift für Theorie und Praxis nationaler Politik, Berlin ...	1957,H.3-4
NJ	= Neue Justiz, Berlin	1957,H.7-10
N.Weg	= Neuer Weg, Berlin	1957,H.7-10
N.Zeit	= Neue Zeit, Moskau	1957,H.12-21
RID	= Rechtswissenschaftlicher Informationsdienst, Berlin	1957,H.7-8
Schöffe	= Der Schöffe, Berlin	1957,H.4-5

Sov.Wiss.(GB) = Sowjetwissenschaft,Gesellschaftswiss. Beiträge, Berlin 1957,H.4-5

St R = Staat und Recht, Berlin 1957,H.3

Vpol. = Die Volkspolizei, Berlin 1957,H.6-10

Weltb. = Die Weltbühne, Berlin 1957,H.14-21

WGBew. = Die Weltgewerkschaftsbewegung, Berlin 1957,H.4-5

Wirtsch.Wiss. = Wirtschaftswissenschaft, Berlin ..... 1957,H.2-3 Sonderheft 3

Wiss.Ann. = Wissenschaftliche Annalen, Berlin 1957,H.4-5

WZ Berlin(GR) = Wissenschaftliche Zeitschrift der Humboldt-Universität,Berlin (Ges.u.Sprachwiss.R.), ... 1955/56,H.2-4

WZ DA = Wissenschaftliche Zeitschrift d.Deutschen Akademie f.Staats-und Rechtswissenschaft "Walter Ulbricht" 1955/56,H.2

WZ Jena(GR) = Wissenschaftliche Zeitschrift der Friedrich-Schiller-Universität Jena (Ges.u.Sprachwiss.R.) 1956/57,H.3/4

Zs.Gesch.Wiss. = Zeitschrift für Geschichtswissenschaft, Berlin 1957,H.3

b) Fremdsprachige Zeitschriften

J.N. = Justitia Nouá (Neue Justiz), Bukarest 1957,H.1

Kommunist, Moskau 1957,H.4-6

Mežd.žizn = Meždunarodnaja žizn (Das internationale Leben), Moskau 1957,H.4-5

Nová mysl (Neuer Geist), Prag 1957,H.4

Nowe Drogi (Neue Wege), Warschau 1957,H.4-5

N.P. = Nowe Prawo (Neues Recht), Warschau ... 1957,H.3-5

P.i P. = Państwo i Prawo (Staat und Recht), Warschau 1957,H.2

Pr. = Pravnik (Der Jurist), Prag 1957,H.3

Probl.econ. = Probleme economice (Fragen der Ökonomie), Bukarest 1956,H.12

Soc.pravo = Socialističesko pravo (Sozialistisches Recht), Sofia 1957,H.2

Soc.zák. = Socialistická zákonnost (Die sozialistische Gesetzlichkeit), Prag 1957,H.2

Soudce z lidu (Der Volksrichter), Prag 1957,H.3

Sov.gos.pravo = Sovetskoe gosudarstvo i pravo (Sowjetstaat und Sowjetrecht), Moskau 1957,H.4-5

Vop.fil. = Voprosy filosofii (Fragen der Philosophie), Moskau 1957,H.1-2

Vopr.ist. = Voprosy istorii (Fragen der Geschichte), Moskau 1957,H.2

1) Die hier aufgeführten Hefte sind gemäß der Benutzungsordnung der Bibliothek des Deutschen Instituts für Rechtswissenschaft bedingt ausleihfähig.

1.Marxismus-Leninismus [1]

Hager,K.: Der Kampf gegen bürgerliche Ideologien und Revisionismus. (Dt.Zs.Philos.,1956,H.5/6, S.533-538)

Neue Dokumente W.I.Lenins.(Kommunist, 1957,H.5, S.19-23)

Leviova,S.(Lewiowa,S.): Der Marxismus und seine erste historische Prüfung. (Kommunist,1957,H.6, S.71-84)

Scheler, H.: Über das Verhältnis von Spontanität und Bewußtheit. (Wirtsch.Wiss.,1957, 3.Sonderheft, S.20-43)

Ukraincev,B.(Ukrainzew,B.): Über die Kategorien der materialistischen Dialektik. (Kommunist,1957,H.6, S.120-127)

Ulbricht,W.: Zum Kampf zwischen dem Marxismus-Leninismus und den Ideologien der Bourgeoisie. (Dt.Zs.Philos.,1956,H.5/6, S.518-532)

Wandel,P.: Der Plan des großen Sieges.(Zum 40.Jahrestag der Aprilthesen Lenins). (Einh.,1957,H.4, S.414-423)

2.Rechtswissenschaft (Aufgaben und Methoden)

Bratus,S.N.: Bei W.I.Lenin muß die Entscheidung theoretischer und praktischer Rechtsfragen studiert werden. (Sov.gos.pravo,1957,H.4, S.3-11)

Kowalski,J.: Kritische Betrachtungen zur Frage des theoretischen oder praktischen Charakters der Rechtswissenschaften. (P.i P.,1957, H.2, S.346-350)

Ziemba,Z.: Die formelle Logik im juristischen Denken.(P.i P.,1957, H.2, S.265-283)

3.Staats-und Rechtstheorie

Aleksandrov,N.G.(Alexandrow,N.G.): Die Rechtsverhältnisse und die Produktionsverhältnisse in der sozialistischen Gesellschaft. (Vopr.fil.,1957, H.1, S.44-57)

Dulea,M.: Die soziale Struktur und die Stellung der Klassen in der Rumänischen Volksrepublik. (Probl.econ.,1956, H.12, S.3-20) 7

Efimočkin,V.P.(Jefimotschkin,W.P.): Zur Frage der Prinzipien des Aufbaus des Rechtssystems. (Sov.gos.pravo, 1957,H.3, S.86-92)

Hochfeld,J.: Fragen des Parlamentarismus unter den Bedingungen der Volksdemokratie. (Nowe Drogi,1957,H.4, S.69-80) 7

Knapp,V.: Zur Diskussion über das Rechtssystem. (Sov.gos.pravo, 1957, H.5, S.114-120)

Mešera,V.F.(Meschera,W.F.): Über die Einteilung des Sowjetrechtes in einzelne Zweige. (Sov.gos.pravo,1957,H.3, S.93-99)

1) Die nach der Fundstelle eines Artikels angegebenen Zahlen verweisen auf die Bedeutung dieses Artikels auch für andere Fachgebiete entsprechend der hier zugrundegelegten Systematik.

Piontkovski,A.A.(Piontkowski,A.A.): Über den Begriff des Rechts. (Sov.gos.pravo, 1957,H.1, S.38-49; deutsch: RID,1957, H.8, S.217-229)

Schulz, P.B.: Konferenz über Probleme der sozialistischen Moral. (NJ, 1957, H.10, S.307-309)

Sjuj Di-sin: Über die gegenseitigen Beziehungen zwischen den Klassen und die Tendenz des Klassenkampfes in China in der Übergangsperiode. (Vopr.fil.,1957, H.1, S.15-30)

Sivs,S.L.(Siws,S.L.): Über die Gesetzlichkeit in den modernen imperialistischen Staaten. (Sov.gos.pravo,1956,H.5, S.87-98; deutsch: RID,1957,H.8, S.236-248)

Stepanjan, C.A.: W.I.Lenin über die allgemeinen Gesetzmäßigkeiten und die konkreten Formen des Übergangs zum Sozialismus. (Vopr.fil., 1957,H.2, S.3-13)

Varga, E.: Über einige Merkmale der politischen Ideologie des modernen Imperialismus. (Kommunist, 1957,H.4, S.30-45)

Vilnjanski,S.I.(Wilnjanski,S.I.): Zur Frage des Systems des Sowjetrechts. (Sov.gos.pravo,1957,H.1, S.102-109; deutsch: RID,1957,H.8, S.229-236)

Weichelt, W.: Über die Rolle des sozialistischen Staates in der Übergangsperiode vom Kapitalismus zum Sozialismus. (St R,1957,H.3, S.221-234)

4.Geschichte der Staats-und Rechtstheorie

Galanza,P.N.(Galansa,P.N.): Zur Einschätzung der Hegelschen Lehre von Staat und Recht. (Sov.gos.pravo, 1956,H.9; deutsch: Sov.Wiss. (GB),1957,H.5, S.562-575)

Klenner, H.: Hegel und der Klassencharakter des Staates. (Dt.Zs.Philos.,1956, H.5/6, S.642-649)

Klenner, H.: Der junge Marx als politischer Denker. (Einh.,1957, H.5, S.542-550)

Pokrovskij,V.S.(Pokrowskij,W.S.): Die sozial-politischen und rechtlichen Anschauungen M.M.Kovalevskijs. (Sov.gos.pravo, 1957,H.4, S.90-101)

5.Staats-und Rechtsgeschichte

Burian,J.: Leges metallorum et leges saltuum. (Zs.Gesch.Wiss.,1957, H.3, S.535-560)

Čermenskij,E.D.(Tschermenskij,E.D.): Die bürgerlich-demokratische Februar-Revolution von 1917. (Vopr.ist., 1957,H.2, S.3-18)

Golikov,G.: Einige notwendige Richtigstellungen zur Geschichte der Oktoberrevolution. (Kommunist, 1956,H.15; deutsch: Sov.Wiss.(GB), 1957,H.3, S.241-261)

Müller-Mertens, E.: Untersuchungen zur Geschichte der brandenburgischen Städte im Mittelalter. (WZ Berlin,(GR) 1955/56,H.3, S.191-221; H.4, S.271-307)

Rudzickij,L.A.;V.A.Dorogin (Rudsizkij,L.A.;W.A.Dorogin): Die Bildung der Bjelorussischen SSR. (Sov.gos.pravo, 1957,H.4, S.12-19)

Stöbe, H.: Die Unterwerfung Norddeutschlands durch die Merowinger und die Lehre von der sächsischen Eroberung. (WZ Jena (GR),1956/57, H.3/4, S.323-336)

6.Völkerrecht und Außenpolitik

Abrüstung - das Gebot der Stunde. (Dt.Auss.pol.,1957, H.5, S.347-352)

Anderle, A.: Die deutsch-sowjetischen Verträge von 1925/26. (Zs.Gesch.Wiss.,1957, H.3, S.470-502) 5

Arbatov, J.: Am Urquell der Leninschen Friedenspolitik. (Betr.: Dekret über den Frieden von 1917) (N.Zeit.,1957,H.16, S.3-6) 5

Aust, H.W.: Die Falle des Gemeinsamen Marktes. (Dt.Auss.pol.,1957, H.3, S.191-213)

Basler,W.: Die Sowjetunion und die kollektive Sicherheit vor dem zweiten Weltkrieg.(I) (Dt.Auss.pol.,1957, H.5, S.407-413) 5

Baturin, M.: Was die XI.Tagung der Vollversammlung der UNO zeigte. (Mezd.zizn, 1957,H.4, S.24-33)

Bertsch, H.: Die vierte Doktrin. (Betr.:Eisenhower-Doktrin). (Dt.Auss.pol.,1957, H.3,S.218-222)

Bočkarjov, J.(Botschkarjow, J.): Zu den Vorgängen in Jordanien. (N.Zeit, 1957, H.19, S.10-13) 7

Boltin, J.: Strategie der Atomunterstützung. Neue Aggressionspläne Washingtons. (N.Zeit, 1957,H.17, S.7-10)

Ch'juz, E.(Chjus,E.): Wir müssen der friedlichen Koexistenz den Vorzug geben. (Mežd.žizn,1957, H.4, S.66-70)

Chvostov, V.(Chwostow,W.): Die Leninschen Prinzipien der Aussenpolitik. (Mežd.žizn, 1957, H.4, S.15-23)

Über die Einmischung der USA in die inneren Angelegenheiten anderer Länder. (ddz, 1957,H.140, S.40-44)

Die Entschließung des Kongresses der USA zur "Eisenhower-Doktrin". (Mežd.žizn, 1957,H.4, S.157-159)

Erklärung des Ministeriums für Auswärtige Angelegenheiten der UdSSR zu den Plänen der "Euratom"und des "Gemeinsamen Marktes".(ddz, 1957, H.140, S.21-27)

Fisch, H.: Kaschmir - ein Bestandteil der Indischen Union. 7
(Dt.Auss.pol.,1957, H.4, S.312-314(

Frankenberg, E.von: Die gemeinsamen Interessen im Ostseeraum. (Dt.Auss.pol., 1957,H.4, S.267-279)

Friedländer, M.: Die deutsche Kolonialpolitik in Kamerun von ihren Anfängen bis 1914. (WZ Berlin (GR), 1955/56, H.4,S.309-328) 5

Friedliche Koexistenz - Eckpfeiler der sowjetischen Außenpolitik. (Erklärung der Sowjetregierung v.12.2.1957). (ddz,1957,H.140,S.72-78. H.141, S.53-66;H.142, S.70-80)

Verträge über "Gemeinsamen Markt" und "Euratom" in Rom unterzeichnet. (ddz, 1957,H.141, S.13-31)

Hauriou,A.: Frankreich und die Sowjetunion zu Beginn des Jahres 1957. (Mežd.žizn,1957, H.4, S.74-78)

Hegler,H.: Die doppelgleisige Politik der Westmächte, besonders der USA, während des zweiten Weltkrieges. (Nat.,1957,H.3, S.193-208) 5

Herricht, H.: Die Haltung Preußens zum Bau des Suezkanals. (Zs.Gesch.Wiss.,1957, H.3, S.606-622) 5

Hintze, U.: Wie Ghana seine Selbständigkeit erkämpfte.(Dt.Auss.pol., 1957, H.4, S.315-323) 7

Hirano, Y.: Völkerrechtliche Probleme im Atomzeitalter.(Dem.u.R., 1957, H.2, S.77-80)

Jermašov,I.(Jermaschow,I.): Nach der Bonner NATO-Ratstagung.(N.Zeit, 1957, H.21, S.10-13)

Jeschonnek,E.: Freundschaft und Zusammenarbeit mit China - einzig mögliche Politik für ganz Deutschland. (Dt.Auss.pol.,1957, H.5, S.365-381)

Ivanov,F.(Iwanow,F.): Über die Rechtskraft von Entscheidungen der internationalen Verwaltungsgerichtshöfe. (Sov.gos.pravo, 1957,H.3, S.62-69)

Ivanov,K.(Iwanow,K.): Der Bankrott des Kolonialismus und die internationalen Beziehungen. (Mežd.žizn, 1957, H.5, S.8-19)

Der Kairoer Vertrag vom 19.Jan.1957. (Dt.Auss.pol.,1957,H.3, S.250-251)

Kamenev,V.(Kamenew,W.): Eine zweiseitige Zusammenarbeit oder eine einseitige Plünderung? (Mežd.žizn, 1957,H.5, S.20-31)

Kerstein, J.: Die Deutsche Demokratische Republik - ein Staat im Sinne des Völkerrechts. (St R, 1957, H.3, S.249-260) 7

Klein, P.: Bonn und die Oder-Neiße-Grenze. (Dt.Auss.pol.,1957,H.4, S.293-298) 7

Der Geist von Bandung - ein Zeichen der nationalen Wiedergeburt. (Betr. Koexistenz). (Mežd.žizn,1957, H.4, S.9-14)

Kopal,V.: Die Bedeutung und die Ergebnisse der 47.Konferenz der International Law Association in Dubrovnik. (Pr.,1957, H.3, S.263-266)

Kröger,H.: Adenauers "Identitätstheorie" und die völkerrechtliche Stellung der Deutschen Demokratischen Republik. (Dt.Auss.pol., 1957, H.5, S.353-364)

Krylov,S.B.(Krilow,S.B.): Über die inoffizielle Kodifizierung des Völkerrechts. (Sov.gos.pravo, 1957, H.4, S.129-130)

Matveeva, N.(Matwejewa,N.): Über den gegenwärtigen Kurs in der Aussenpolitik der USA. (Mežd.žizn, 1957, H.4, S.34-45)

Molčanov, N.(Moltschanow,N.): Eurafrika, eine neue Mache der Kolonisatoren. (N.Zeit.,1957,H.16, S.14-16)

Morozov,G.I.(Morosow,G.I.): Das Programm der Untergrabung der internationalen Zusammenarbeit. (Sov.gos.pravo, 1957, H.4, S.81-89)

Erklärung des Ministeriums für Auswärtige Angelegenheiten der Deutschen Demokratischen Republik vom 5.Febr.1957 zur Oder-Neiße-Grenze. (Dt.Auss.pol.,1957,H.4, S.338-339)

Erklärung des Ministeriums für Auswärtige Angelegenheiten der Volksrepublik Polen vom 8.Febr.1957 zur Oder-Neiße-Grenze.(Dt.Auss.pol., 1957, H.4, S.339-340)

Oeser,E.: Zum Abkommen über die zeitweilige Stationierung sowjetischer Streitkräfte auf dem Territorium der DDR. (NJ, 1957,H.7, S.193-194)

Oeser,I.: Zu Fragen der Stationierung sowjetischer Truppen in der Deutschen Demokratischen Republik. (Dt.Auss.pol., 1957,H.5, S.382-386)

Pereterskij, I.S.:Die Bedeutung eines internationalen Vertrages für einen dritten (diesem Vertrag nicht angehörenden) Staat. (Sov.gos.pravo, 1957, H.4, S.71-80)

Rapallo leitete eine neue Epoche des deutsch-sowjetischen Verhältnisses ein. (ddz, 1957,H.142, S.94-99) 5

Rose, H.: Der Verlauf der 11.Tagung der UN-Vollversammlung. (DT.Auss.pol.,1957,H.4, S.298-306)

Schaefer,H.: Der Kampf um die Abrüstung und die Deutschlandfrage. (Nat.,1957,H.3, S.151-175)

Sethe,P.: Über die Beziehungen zwischen der Deutschen Bundesrepublik und der Sowjetunion. (Mežd.žizn, 1957, H.4, S.71-73)

Sickert,I.: Das Vordringen der USA in Afrika. (Dt.Auss.pol.,1957, H.5, S.402-406)

Siemon,G.: Verhandlungsergebnisse wecken schöpferische Kräfte. (Betr.: Ergebnisse der Moskauer Verhandlungen vom 3.-8.Jan.1957.) (Nat.,1957, H.2, S.83-86)

Kommuniqué der Sitzung der vier arabischen Staatsoberhäupter am 19. und 20.Jan.1957 in Kairo. (Dt.Auss.pol.,1957,H.3, S.251-252)

Dokumente über die gegenseitigen Beziehungen zwischen Sowjetrußland und der Ungarischen Räterepublik. (Mežd.žizn,1957, H.4, S.153-156) 5

Spiru,B.: Rumäniens Platz im sozialistischen Lager. (Dt.Auss.pol., 1957, H.4, S.280-288)

Stillmann,G.: Die Rolle des Staates Israel im nahöstlichen Komplott der Imperialisten. (Einh.,1957, H.4, S.487-490)

Stoecker, H.: Dokumente zur deutschen Politik in der Frage der Industrialisierung Chinas (1889 bis 1894). (Zs.Gesch.Wiss.,1957,H.3, 5

Šuršalov, V.M.(Schurschalow,W.M.): Über das Objekt des Völkerrechts. (Sov.gos.pravo, 1957, H.3, S.53-61)

Die internationale Konferenz über den Tanger-Status. (Sov.gos.pravo, 1957,H.3, S.114-115)

Tunkin,G.I.: Die friedliche Koexistenz und das Völkerrecht. (Sov.gos.pravo, 1956,H.7; deutsch: Sov.Wiss.(GB), 1957,H.3, S.325-337)

Vedeneeva,L.(Wedenejewa,L.): "Klein-Europa" und der westdeutsche Imperialismus. (Mežd.žizn, 1957, H.5, S.32-40)

Vladimirov,N.(Wladimirow,N.): England und die "Britische Zusammenarbeit der Nationen". (Mežd.žizn, 1957, H.4, S.46-54) 7

Der Warschauer Vertrag. (N.Zeit, 1957,H,20, S.7-9)

Weiß, W.: Aufgaben der Deutschen Liga für die Vereinten Nationen. (Dt.Auss.pol., 1957, H.3, S.214-218)

7.Staatsrecht

Bönninger,K.: Zentralisation und Demokratie. (Dem.Aufb.,1957, H.8, S.173)

Čchikvadze,V.M.(Tschchikwadse,W.M.): Die Fragen der Kodifizierung der sowjetischen Gesetzgebung auf der 6.Tagung des Obersten Sowjets der UdSSR. (Sov.gos.pravo, 1957,H.3, S.12-24)

Dallmann,S.: Zu den Gesetzen über die weitere Demokratisierung. (Nat.,1957,H.2, S.91-101)

Dietrich,W.: In unserem Staate sind die Abgeordneten die Vertrauensleute des Volkes. (N.Weg, 1957, H.10, S.598-604)

Dillhöfer,G.: Zuständigkeit der Kreisgerichte für die Entscheidung über die Wahlberechtigung eines Bürgers. (NJ, 1957,H.8, S.228-229) 8

Gromakov, B.S.: Die gegenwärtige Präsidentengewalt in den USA. (Sov.gos.pravo, 1957, H.5, S.148-152)

Grospič, J.;B.Rattinger: Zur neuen verfassungsmäßigen Regelung der slowakischen Nationalorgane. (Nová mysl, 1957, H.4, S.327-340)

Haid, B.: Aufgaben der Staatsanwaltschaft bei den Wahlen zu den örtlichen Volksvertretungen. (NJ, 1957,H.8, S.227-228)

Harnisch,R.: Der Oberste Sowjet der UdSSR - das höchste Machtorgan des Sowjetstaates. (WZ DA, 1955/56, H.2, S.65-83)

Haupt,L.: Wahlen und Demokratie. (NJ, 1957,H.9, S.257-260)

Höppner,R.: Der demokratische Zentralismus in den Gewerkschaften. (Arb.,1957, H.4, S.36-38) 19

Kassatkin,W.F.: Die Lösung der nationalen Frage in der Volksrepublik China. (Sovetskoe vostokovedenie,1956,H.4; deutsch: Sov.Wiss.(GB), 1957, H.3, S.312-324)

Kerimov,D.A.: Die Sowjets der Deputierten der Werktätigen in der UdSSR - Organe echter Volksherrschaft. (NJ, 1957, H.9, S.260-262)

Linke,K.: Durch Wahrnehmung des Anfragerechts verbessern die Abgeordneten die staatliche Leitung. (Dem.Aufb.,1957, H.8, S.178-180)

Maron,K.: Für eine breitere Einbeziehung der Bevölkerung in die Leitung und Lenkung unseres Staates. (Vpol.,1957, H.8, S.8-9)

Melzer,H.: Grundfragen der Rechtsstellung der Dorfsowjets der Deputierten der Werktätigen in der UdSSR. (WZ DA, 1955/56, H.2, S.147-192) 9

Adenauer und Dibelius unterzeichnen Militärseelsorgevertrag.(ddz,1957, H.141, S.41-53)

Peplinski,F.: Die Wahlen zu den örtlichen Volksvertretungen und die Aufgaben der örtlichen Räte. (Dem.Aufb.,1957, H.10, S.219-222) 9

Polak,K.: Das neue Wahlgesetz und seine Bedeutung für die Stärkung unserer Staatsmacht. (NJ,1957, H.8, S.225-227)

Reiber, H.: Warum sind in Westdeutschland die Wahlen Volksbetrug? (N.Weg, 1957, H.10, S.644-649)

Riedel,H.: Das Präsidium des Obersten Sowjets der Union der Sozialistischen Sowjetrepubliken. (WZ DA, 1955/56, H.2, S.84-101)

Riege,G.: Das Vertretungssystem in den europäischen Ländern der Volksdemokratie. (WZ DA, 1955/56, H.2, S.147-192)

Riemann,T.: Der Ständige Ausschuß der Volkskammer für die örtlichen Volksvertretungen. (St R, 1957,H.3, S.235-248)

Schmidt,U.: Ein neuer afrikanischer Staat - die Republik Ghana. (Einh.,1957, H.4, S.491-495)

Seiler, G.;S.Petzold: Was bei der Durchführung der Wahlen in den Gemeinden zu beachten ist. (Dem.Aufb.,1957, H.9, S.198-200)

Sindermann,H.: Das Programm der friedlichen Wiedervereinigung Deutschlands. (Dt.Auss.pol., 1957,H.4, S.259-264)

Smirnov,O.V.(Smirnow,O.W.): Über den rechtlichen Charakter des Bildungswesens. (Sov.gos.pravo, 1957,H.3, S.111-114) 9

Sorgenicht,K.: Die Vorstellung der Kandidaten zu den Wahlen. (Dem.Aufb.,1957, H.9, S.196-198)

Die Sowjetdemokratie auf dem Wege zur weiteren Entwicklung und Festigung. (Sov.gos.pravo, 1957,H.3, S.3-11)

Stembrowicz,J.: Bemerkungen de lege lata und de lege ferenda über den Staatsrat. (P.i.P.,1957, H.2, S.247-264)

Triebel,W.: Zu einigen Fragen der Immunität. (Vpol.,1957, H.4, S.10)

Vyšohlid,V.: Die Arbeit der Mitglieder der Nationalausschüsse unter den Wählern. (Nová mysl, 1957, H.4, S.341-346)

Zu den Wahlen für die örtlichen Volksvertretungen in der Deutschen Demokratischen Republik. (ddz, 1957, H.142, S.29-60)

Zamis,G.: Krisenzeichen in Italien. (Betr.die Nachwahlen in Italien). (Dt.Auss.pol.,1957, H.5, S.397-402)

Žarov, V.(Sharow, W.): Zu den Ereignissen in Indonesien. (N.Zeit, 1957, H.12, S.9-11) 6

Žurkin,V.(Shurkin,W.): Wahlen in Indien. (N.Zeit, 1957,H.13, S.6-7)

8.Gerichtsverfassung (einschließlich Staatsanwaltschaft, Justizverwaltung, Notariat u.Anwaltschaft)

Bürger,H.: Einiges zum Gesetz über das Verfahren des Staatlichen Notariats. (Jug.Heimerz.,1957, H.4, S.150-153)

Eildermann,H.: Einige Hinweise für die Revision der Kreisgerichte. (NJ, 1957,H.9, S.272-273)

Hochberg,L.: Über die Änderungen in der sowjetischen Justiz.(N.P., 1957, H.4, S.82-86)

Jelínek,R.;L.Veleta: Die Vertiefung des sozialistischen Demokratismus in unserer Gerichtsbarkeit. (Soudce z lidu, 1957, H.3, S.33-36)

Karev,D.S.: Einige Fragen der Gesetzgebung über den Aufbau der Gerichte der UdSSR und der Unionsrepubliken. (Sov.gos.pravo, 1957,H.5, S.94-99)

Bericht über eine Arbeitstagung der Vorsitzenden der Kollegien der Rechtsanwälte. (NJ, 1957, H.9, S.270-271)

Vertiefte Mitarbeit der Schöffen an der Rechtsprechung.(Schöffe,1957, H.4, S.97-101)

Siemens, H.: Gerichtliche und außergerichtliche Zuständigkeit im gewerblichen Rechtsschutzwesen. (EuV, 1957,H.7, S.157-160) 14

Šind,V.I.(Schind,W.I.): Über die gerichtliche Aufsicht in den ersten Jahren der Sowjetmacht (1917-1922). (Sov.gos.pravo, 1957,H.3, S.103-105) 5

9.Verwaltungsrecht und Allgemeine Aufsicht des Staatsanwalts

Abelmann,G.: Das Weisungsrecht der Stellvertreter der Vorsitzenden der Räte gegenüber den Leitern der Fachorgane und unterstellten Betriebe. (Dem.Aufb.,1957, H.9, S.213-216)

Bartuška, J.: Durch konsequente Aufsicht der Staatsanwaltschaft über die Wahrung der sozialistischen Gesetzlichkeit festigen wir die Kraft unseres volksdemokratischen Staates. (Soc.zák.,1957, H.2, S.65-92)

Bendetson,W.: Die Verantwortlichkeit des Staates für die durch Staatsfunktionäre verursachten Schäden. (N.P.,1957, H.3, S.18-37)

Bogolepov,R.D.: Die Aufsicht der Staatsanwaltschaft über die Anwendung des Beschlusses des ZK der KPdSU und des Ministerrates der UdSSR vom 6.März 1956. (Sov.gos.pravo, 1957, H.4, S.131-133)

Buschmann,W.: Probleme des Begriffes, der Zuordnung und der staatlichen Leitung der örtlichen volkseigenen Wirtschaft.(DFW, 1957,H.8, Ausg."Fin.u.Buchf." S.225-229)

Chalfina,R.O.: Die Reorganisation der Leitung der Industrie und die vertraglichen Beziehungen der sozialistischen Organisationen.
(Sov.gos.pravo, 1957,H.5, S.34-39) 15

Der demokratische Zentralismus - die Grundlage der Leitung der sozialistischen Wirtschaft. (Kommunist, 1957,H.4, S.3-16)

Ebert,F.: Die Aufgaben des Deutschen Städte- und Gemeindetages. (Dem.Aufb.,1957, H.8, S.186-187)

Ehrhardt,W.: Auf dem Wege zu einem neuen Polizeirecht. (Vpol.,1957, H.4, S.9-10)

Friedrich, G.: Zum Verhältnis zwischen der staatlichen Leitung und der Selbständigkeit der sozialistischen Industriebetriebe. (Wirtsch.Wiss.,1957, H.3, S.362-379)

Fuchs,H.: Arbeitsmethoden in der Allgemeinen Aufsicht.(NJ, 1957,H.9, S.275-276)

Gapoškin, F.G.(Gaposchkin, F.G.): Über die Umgestaltung der Planung der Volkswirtschaft in der UdSSR. (Sov.gos.pravo, 1957, H.5, S.28-33)

Jasiński, J.A.: Über den Entwurf des Verwaltungsstrafrechts.(N.P., 1957, H.5, S.82-85)

Ivanov,G.A.;Ja.A.Korf (Iwanow,G.A.): Die Bedeutung des juristischen Dienstes in der Leitung der Industrie muß gehoben werden. (Sov.gos.pravo, 1957, H.5,S.62-70)

Kotok,V.F.;A.V.Lužin;M.J.Piskotin(Kotok,W.F.;A.W.Lushin): Organisatorisch-rechtliche Fragen der weiteren Vervollkommnung der Leitung der Industrie und des Bauwesens. (Sov.gos.pravo, 1957,H.5, S.12-18)

Krusche,H.: Die rechtliche Stellung der Organe der Staatsverwaltung zu den Maschinen-Traktoren-Stationen. (Dem.Aufb.,1957, H.7, S.155-157)

Krylov,A.(Krilow,A.): Über die Rechte des Werkdirektors unter den neuen Bedingungen. (Kommunist, 1957,H.6, S.43-49)

Laptev,V.V.(Laptew,W.W.): Über die mit der Vervollkommnung der Leitung der Volkswirtschaft in Zusammenhang stehenden Rechtsfragen. (Sov.gos.pravo,1957,H.5, S.19-27)

Leichtfuß,H.: Die rechtlichen Folgen des Unterlassens einer gesetzlich vorgeschriebenen Rechtsmittelbelehrung.(Dem.Aufb.,1957,H.7, S.161-162)

Die weitere Entwicklung des demokratischen Zentralismus in der Leitung der Wirtschaft und die Aufgaben der sowjetischen Rechtswissenschaft. (Sov.gos.pravo, 1957,H.5, S.3-11) 2

Leymann,E.: Zur Durchführung des Ordnungsstrafverfahrens. (Jug.Heimerz.,1957, H.5, S.197-206)

Meister,R.: Der Bonner Staatsmechanismus zerstört die kommunale Selbstverwaltung. (Einh.,1957,H.5, S.595-601)

Menzel,W.: Kann der Leiter eines volkseigenen Betriebes Verwaltungsakte erlassen? (ArbR, 1957, H.4, S.88-89)

Pawlak,A.: Zur Schaffung eines Gesetzes über die Deutsche Volkspolizei. (Vpol.,1957, H.10, S.20-21)

Plundr,O.: Die Neuregelung der Aufsicht des Staatsanwalts.(Pr.,1957, H.3, S.236-246)

Poppe,E.: Die Grundzüge der Rechtsstellung des Exekutivkomitees in der Sowjetunion und die Frage seiner Rechenschaftspflicht und Verantwortlichkeit gegenüber dem örtlichen Organ der Staatsgewalt. (WZ DA,1955/56, H.2, S.102-119) 7

Radev,C.: Die Aufteilung des getilgten unbeweglichen Vermögens auf der Grundlage des regulierenden Planes.(Soc.pravo, 1957, H.2, S.14-24)

Rozmarin,S.A.: Einige Probleme der Verbesserung der Arbeit der Nationalräte in der Polnischen Volksrepublik. (Sov.gos.pravo,1957, H.4, S.38-49)

Rybicki,Z.;K.Sobczak: Über verschiedene Fragen der Teilnahme der Bürger an der Rechtsprechung im Verwaltungsstrafverfahren.(N.P., 1957,H.4, S.36-44) 7

Savenkov,F.(Sawenkow,F.): Die Wege zur Verbesserung des Verwaltungsapparates. (Kommunist, 1957,H.6, S.25-32)

Schmidt, I.: Über die Methoden der Leitung der Landwirtschaft durch die Räte der Kreise auf der Grundlage der MTS-Bereiche. (Dem.Aufb.,1957,H.7, S.153-155)

Schulz, W.: Ist eine fristgemäße Kündigung als Disziplinarmaßnahme zulässig? (ArbR, 1957,H.5, S.119-121)

Smirnov,V.K.;R.A.Frid (Smirnow,W.K.): Für eine weitere Festigung der Selbständigkeit der Betriebe.(Sov.gos.pravo, 1957,H.5, S.56-61)

Šor, L.M.(Schor,L.M.): Über die Rechtsstellung der Industriebetriebe. (Sov.gos.pravo, 1957,H.5, S.47-55) 13

Sovetov,V.(Sowetow,W.): Die Planung der Produktion muß verbessert werden. (Kommunist, 1957,H.5, S.58-74)

Speyer,H.: Die gesetzliche Neuregelung der Gewerbetätigkeit. (Dem.Aufb.,1957,H.7,S.163-165; H.8,S.189-191; H.10, S.238)

Tauscher,H.: Gibt es im Rahmen des Weisungsrechts Verwaltungsakte? (ArbR, 1957,H.4, S.90-91)

Thamm, J.: Zur Diskussion über die weitere Verbesserung der Leitung der volkseigenen Industrie. (Wirtsch.Wiss.,1957, H.3, S.346-361)

Zu den Rechtsverhältnissen in den westdeutschen Städten und Gemeinden. (Dem.Aufb.,1957,H.8, S.184-186; H.9,S.205-207) 7

Zienert,H.: Staatliche Leitung und kommunale Wirtschaft.(Dem.Aufb., 1957,H.7, S.158-160)

10.Finanzrecht

Atlas,S.: Über das Wirken des Geldumlaufsgesetzes im Sozialismus. (Vopr.ekon.,1956,H.11; deutsch: Sov.Wiss.(GB),1957,H.3, S.275-296)

Baum,H.: Die Notwendigkeit der Bildung einheitlicher Festpreise. (DFW, 1957,H.8, S.118-119)

Drechsler,F.: Die Spar-Rentenversicherung - eine neue Form der zusätzlichen Altersversorgung. (A.u.S.,1957,H.10, S.317-319) 19

Friedel,R.;W.Siegert:Zu einigen Problemen der Gestaltung der Produktionsabgabe. (DFW, 1957,H.8,Ausg."Staatshaush." S.235-237)

Göber, A.: Die Steueränderungsgesetze vom Oktober 1956 in der Bundesrepublik. (DFW,1957,H.8, Ausg."Staatshaush." S.225)

Hesse,W.: Fragen des kurzfristigen Kredites in der Landwirtschaft. (DFW,1957,H.8, Ausg."Geld u.Kredit/Vers". S.225-228)

Arbeitsgrundlage für die Mitarbeiter der Kontroll-und Revisionsorgane. (DFW,1957,H.9, Ausg."Fin.u.Buchf." S.271-278)

Koziolek, H.: Wie können wir reicher werden? Über das Nationaleinkommen in unserer Republik.(Arb.,1957,H.4, S.8-11; H.5,S.24-26)

Laxer, M.: Zur Methode der Festsetzung der Preise in der sozialistischen Wirtschaft. (Probl.econ.,1956, H.12, S.101-111)

Löhr, J.: Kommissionsverträge - die sichere Perspektive für den privaten Einzelhandel. (Hdl.,1957,H.5, S.1-8)

Meyer,R.: Stellung und Aufgaben der Revisionsorgane. (DFW,1957,H.8, Ausg."Fin.u.Buchf". S.229-232)

Ostrowski,K.: Die Frage des Inhalts und der Zweckmäßigkeit der von den staatlichen Betrieben erhobenen Steuern. (P.i P.,1957,H.2, S.301-314)

Schubert,E.: Kann die Verordnung über die Bildung der Abschreibungsnormen aufrechterhalten werden? (DFW,1957,H.9,Ausg."Fin.u.Buchf." S.264-266)

Schützenmeister, H.: Die Haushaltskontrolle durch die Volksvertretungen und die rechtliche Wirkung der Erteilung der Haushaltsentlastung. (Dem.Aufb.,1957, H.10, S.235-237)

Die Diskussion um neue Versicherungsformen. (DFW,1957,H.9,Ausg."Geld u.Kredit/Vers." S.285-286) 13

Wergo,H.: Die Überwachung der Staatsfinanzwirtschaft.(I).(DFW,1957, H.9, Ausg."Staatshaush.",S.282-283,288)

11.Strafrecht, Strafprozeß

Bafia, J.: Das Rowdytum in der Gerichtsstatistik über die Kriminalität. (N.P.,1957, H.4,S.63-74)

Benjamin, M.: Die Übertretungen im Strafrecht der DDR.(NJ, 1957,H.8, S.233-234)

Berger,G.: Die Strafprozeßdiskussion in unserer Vereinigung.(Dem.u.R., 1957, H.2, S.58-63)

Bluhm,H.: Zur strafrechtlichen Verantwortlichkeit bei Verkehrsunfällen (Schöffe, 1957, H.4, S.104-107; H.5,S.151-155)

Borodin, S.V.: Über die Qualifizierung von Verbrechen,die mit der Verletzung der Verkehrsvorschriften im Kraftfahrwesen im Zusammenhang stehen. (Sov.gos.pravo, 1957,H.3, S.100-102)

Buchholz,E.: G.Spendel, Zur Lehre vom Strafmaß. Frankfurt a.M.1954. 246 S. (Rez.). (St R, 1957,H.3, S.314-321)

Dobrinescu, I.: Die Beweiswürdigung durch die Kassationsinstanz in Strafsachen. (N.J., 1957,H.1, S.67-71)

Feistkorn,F.: Über die Anwendbarkeit des § 193 StGB bei Kritiken. (NJ, 1957,H.8, S.230-231)

Filipovský, J.: Einige Bemerkungen zum Problem des sogen.untauglichen Versuchs. (Pr.,1957, H.3, S.251-252)

Gemrich,J.: Die vorläufige Verhandlung der Anklage. (Soudce z lidu, 1957, H.3, S.43-46)

Gimbut,A.: Das Delikt nach dem Art.201 des Strafgesetzbuches in der Rechtsprechung des Obersten Gerichts.(N.P.,1957, H.3, S.57-66)

Górnicki,E.: Über die Zustellung der Anklageschrift.(N.P,,1957,H.3, S.103-105)

Graichen, W.: Über die Anwendung der §§ 49 und 50 StVO.(Vpol.,1957, H.10, S.22-23)

Grišin,B.S.;N.I.Gukovskaja (Grischin,B.S.;N.I.Gukowskaja): Zu einigen Fragen der Untersuchung von Strafsachen durch die Organe der Miliz. (Sov.gos.pravo, 1957,H.4, S.32-37)

Haber, J.: Die Beschwerde im Strafprozeß. (N.P.,1957,H.4, S.13-24)

Harrland,H.: Aus der Gerichtsstatistik (Zur Entwicklung der Kriminalität in der Deutschen Demokratischen Republik.)(NJ, 1957,H.9, S.266-270)

Holyst,B.: Mängel der Rechtsprechung der ordentlichen Gerichte in Sachen wegen Brandstiftung. (N.P., 1957,H.3, S.67-74)

Jakovlev,M.V.(Jakowlew,M.W.): Über die Verhütung der Kriminalität. (Sov.gos.pravo, 1957,H.3, S.45-52)

Kelemen, T.: Über die Anwendung der Präsumtion der Unschuld des Beschuldigten. (J.N.,1957,H.1, S.157-161)

Kretowicz,K.: Gegen die Abkehr von der Wirklichkeit. Bemerkungen zum Artikel von M.Szerer: "Das Problem des Rowdytums". (P.i P.,1957,H.2, S.351-354)

Krutzsch,W.: Gegen Subjektivismus - für die richtige Beachtung des Subjekts und der subjektiven Seite des Verbrechens.(NJ, 1957,H.10, S.292-295)

Kunc,J.: Zu den Übergangsbestimmungen der neuen Strafprozeßordnung. (Soc.zák.,1957, H.2, S.106-111)

Kuschel,H.: Nochmals zur Anwendung des § 346 StPO. (NJ, 1957,H.10, S.295-297)

Lekschas,J.: Zur Problematik der Schuldfeststellung.(NJ, 1957, H.7, S.196-197)

Ljutov, K.: Die Bedeutung der Beschlüsse der Partei und der Regierung für die Auslegung und Anwendung der Strafrechtsnormen. (Soc.pravo, 1957,H.2, S.1-13)

Mančal,J.;K.Tibitanzl: Die neue Strafprozeßordnung.(Pr.,1957,H.3, S.217-236)

Masewicz,W.: Die zivil- und strafrechtliche Verantwortlichkeit des Verkaufspersonals im Einzelhandel. (N.P.,1957,H.3, S.38-46) 13

Meyer,F.: Das Beschwerderecht im Ermittlungsverfahren.(Vpol.,1957, H.5, S.11-12)

Mioduski,K.: Der Versuch. Betrachtungen de lege ferenda.(N.P.,1957, H.4, S.25-35)

Nikiforov,B.S.: Über den Rückfall und die Vorbestraftheit. (Sov.gos.pravo, 1957, H.5, S.100-105)

Noack,J.: Schärfere Methoden der Gesinnungsverfolgung. (Zu einer Denkschrift westdeutscher Rechtsanwälte). (NJ, 1957,H.7,S.206-208)

Nový, C.: Die Rolle des Verteidigers im Strafprozeß.(Soudce z lidu, 1957,H.3, S,37-38)

Orschekowski, W.: Zum Tatbestand des "sonstigen Beiseiteschaffens" nach § 1 Abs.1 VESchG. (NJ,1957,H.8, S.231-233)

Pavel,D.: Die Änderungen der Strafprozeßordnung. Die neuen Institute in der Strafprozeßordnung. (J.N.,1957, H.1, S.15-31)

Pohalek, G.: Zu einigen Fragen des zivilrechtlichen Anschlußverfahrens. (NJ, 1957,H.9, S.273-275) 18

Perlov, I.D.; M.Ju.Raginskij: Herangereifte Fragen des Ermittlungs- und Untersuchungsverfahrens. (Sov.gos.pravo, 1957, H.4, S.115-121)

Renneberg, J.: Die Funktionen der Strafe in der Deutschen Demokratischen Republik. (NJ, 1957, H.9, S.263-266; H.10, S.289-291)

Romaškin, P.S. (Romaschkin, P.S.): Grundlegende Probleme der Kodifizierung der sowjetischen Strafgesetzgebung. (Sov.gos.pravo, 1957, H.5, S.71-84)

Rose, H.; H.Krüger: Einige Fragen des Ermittlungsverfahrens. (NJ, 1957, H.10, S.311-312)

Ružek, A.: Die vorläufige Verhandlung der Anklage. (Soc.zák., 1957, H.2, S.96-106)

Savickij, V.M. (Sawizkij, W.M.): Fragen der Aufsicht der Staatsanwaltschaft über die Wahrung der Gesetzlichkeit in der Tätigkeit der Ermittlungs- und Untersuchungsorgane. (Sov.gos.pravo, 1957, H.5, S.106-113) 9

Sliwinski, S.: Grundfragen der neuen Kodifizierung des Strafprozeßrechts. (N.P., 1957, H.3, S.3-8)

Sliwiński, S.: Eine Verteidigung des Art.6 StPO und des Art.4 Mil. StPO. (N.P., 1957, H.5, S.57-65)

Sliwowski, J.: Vor der Reform des polnischen Gefängniswesens. (N.P., 1957, H.5, S.14-29)

Spiller, H.: Zur Kassation von Steuerstrafbescheiden. (St R, 1957, H.3, S.306-313) 10

Strogovič, M.S. (Strogowitsch, M.S.): Das Strafprozeßrecht im System des Sowjetrechts. (Sov.gos.pravo, 1957, H.4, S.102-109)

Suchodrev, V.N. (Suchodrew, W.N.): Zum Entwurf der Grundlagen des Strafprozesses der UdSSR und der Unionsrepubliken. (Sov.gos.pravo, 1957, H.5, S.85-93)

Szczucki, J.: Statistisches über Rückfallverbrechen. (N.P., 1957, H.5, S.74-81)

Tenner, H.: Zur Kassation der Entscheidungen der Abgabenorgane in Strafsachen. (St R, 1957, H.3, S.292-305) 10

Tibitanzl, K.: Zur Frage des sogen. Versuchs am untauglichen Objekt. (Pr., 1957, H.3, S.262-266)

Tolar, J.: Zur Auslegung der Bestimmung des § 25 Abs.3 StGB in der Fassung der Novelle. (Soc.zák., 1957, H.2, S.92-96)

Erklärung der Vereinigung Demokratischer Juristen über die verbrecherische Tätigkeit des sogenannten Untersuchungsausschusses freiheitlicher Juristen. (ddz, 1957, H.140, S.27-39)

Utevskij, B.S. (Utewskij, B.S.): Grundlegende Fragen der Sowjetwissenschaft vom Besserungsarbeitsrecht. (Sov.gos.pravo, 1957, H.3, S.36-44) 19

Weise,W.: Bemerkungen über die Rechtsprechung in Privatklagesachen. (NJ, 1957,H.7, S.197-200)

Weise,W.: Zur Tätigkeit der Schiedsmänner. (Schöffe, 1957,H.4,S.114-117)

Wolter,W.: Zur Frage des sog.bedingten Vorsatzes. (N.P.,1957, H.5, S.47-56)

Wolter, W.: Grenzen und Umfang des Strafrechts. (P.i P.,1957, H.2, S.235-246)

Zur Prüfung der Zurechnungsfähigkeit Jugendlicher. (Jug.Heimerz., 1957, H.5, S.210-216)

12.Kriminalistik,Gerichtliche Medizin, Gerichtspsychiatrie,-psychologie

Schubert,H.: Verkehrsunfallfotografie - leicht verständlich.(Vpol., 1957, H.4, S.17-18)

13.Zivilrecht

Bojarski,P.: Über Fragen des Erfassungsvertrages. (N.P.,1957, H.3, S.47-56) 9

Bradeanu,S.: Rechtliche Fragen im Zusammenhang mit dem Nutzungsrecht von bebauten Grundstücken. (J.N.,1957, H.1, S.38-52) 9

Czachórski,W.: Begriff und Inhalt des Besitzes nach dem geltenden Sachenrecht. (N.P.,1957, H.5, S.30-46)

Elendt,G.: Die Legende vom "Miteigentum" und der "Volksaktie". (DFW, 1957,H.9, S.134-137) 16

Gähler, R.: Zur Frage des gutgläubigen Erwerbs von Volkseigentum bei Gebrauchsgegenständen. (NJ, 1957,H.7, S.202-205)

Gavrilă, G.: Die Entwicklung des Außenhandels der Föderativen Volksrepublik Jugoslawien. (Probl.econ.,1956, H.12, S.90-100) 6

Grzybowski,S.: Der Anspruch nach Art.11 der Allgemeinen Bestimmungen des Zivilrechts und der Entwurf des Zivilgesetzbuches.(P.i P.,1957, H.2, S.315-324)

Kanda,A.: Bericht über die wissenschaftliche Konferenz der Mitarbeiter des Zivilrechts. (Pr.,1957, H.3, S.275-284)

Karasiewicz,J.: Die Rechtslage des Grundstücks in den wiederbefreiten Gebieten. (N.P.,1957, H.5, S.66-73)

Masewicz, W.: Die zivil- und strafrechtliche Verantwortlichkeit des Verkaufspersonals im Einzelhandel. (N.P.,1957, H.3, S.38-46) 11

Matysiak, J.: Was muß im Grundbuchrecht eine Änderung erfahren? (N.P.,1957, H.5, S.101-104) 9

Müller,S.: Was beim Verkauf an Minderjährige zu beachten ist.(Hdl., 1957, H.3, S.44-46)

Radwański,Z.: Die Verantwortlichkeit und das Pfandrecht der Inhaber von Hotels, Gasthäusern und ähnlichen Betrieben.(N.P.,1957,H.4, S.45-62)

Ramstetter,H.: Rechtsinformationen für den Außenhandel. Ein Arbeitsmittel zur Erreichung eines höheren juristischen Niveaus unserer Aussenhandelskaufverträge. (Ahdl.,1957, H.9, S.334-335) 6

Štedrý,M.;B.Šmíd: Vertragliche Übertragungen landwirtschaftlicher Immobilien, (Schluß). (Soc.zák.,H.2, S.111-122) 16

Struzek, B.: Zur Frage der Beurteilung der traditionellen und der modernen Formen des Genossenschaftswesens. (Nowe Drogi, 1957, H.4, S.81-95) 16

Szpunar,A.: Die Verursachung eines Schadens durch mehrere Personen. (P.i P.,1957, H.2, S.284-300)

Trifonov,D.K.: Die Formen der Produktion und des Eigentums. (Sov.Wiss.(GB), 1957, H.4, S.449-461) 5

Waldmann,K.: Wann können Eltern ihre Kinder beim Abschluß von Verträgen nicht vertreten? (Jug.Heimerz.,1957, H.5, S.207-209)

Wójcik,S.: Die Beschränkung des Umfangs der Pflicht auf Erstattung der Bereicherung im Zusammenhang mit dem verstärkten Schutz des gesellschaftlichen Eigentums. (N.P.,1957, H.4, S.75-81)

Zorn, E.: Transportschäden erfordern exakten Schuldnachweis.(Zu § 83 Eisenbahnverkehrsordnung). (Hdl.,1957, H.4, S.45-48)

14.Urheber-und Erfinderrecht

Eilemann,D.: Zur Frage der Zuständigkeit im gewerblichen Rechtsschutzwesen. (EuV, 1957,H.9, S.205-207)

Feiler,G.: Zur Frage der Zuständigkeit für die Entscheidung von Vergütungsstreitigkeiten bei Wirtschaftspatentanmeldungen.(EuV, 1957, H.8, S.184-186)

Ramstetter,H.: Eintragung und Priorität von Warenzeichen in Ägypten. (Ahdl.,1957,H.10, S.370-371)

Schubert,W.: Genießen körperliche Gegenstände als solche Warenzeichenschutz? (EuV, 1957,H.7, S.162-163)

Siemens,H.: Probleme des gewerblichen Rechtsschutzwesens als Lehrfach an technischen und ökonomischen Hoch- und Fachschulen.(EuV, 1957, H.10, S.229-231)

Siemens,H.: Spezielle Probleme der Zuständigkeit des Patentgerichts. (EuV, 1957,H.8, S.181-183)

15.Vertragssystem,Vertragsgerichtliches Verfahren

Artzt,W.: Zur Form der Anträge der Minister und Staatssekretäre an den Ministerrat auf Überprüfung einer Entscheidung des Staatlichen Vertragsgerichts. (NJ, 1957, H.8, S.238-239)

Božilov,K.(Boshilow,K.): Die Bestimmungen des Artikels 92 des Gesetzes über die Verpflichtungen und die Verträge können auch auf die Verpflichtungenzwischen sozialistischen Organisationen angewendet werden. (Soc.pravò, 1957, H.2, S.31-43)

Doláková,M.: Die Verantwortlichkeit für Pflichtverletzungen aus Wirtschaftsverträgen. (Pr.,1957, H.3, S.197-205)

Eminescu, Y.: Ist die Lieferung einzelner Produktionsarten besserer Qualität, die in den gesetzlichen Bestimmungen oder vertraglichen Bedingungen festgelegt sind, eine qualitätsgerechte Lieferung? (J.N.,1957, H.1, S.32-37)

Hemmerling, J.: N.S.Bratus und L.A.Lunz, Fragen des Wirtschaftsvertrages. Berlin 1956. 178 S. (Rez.) (St R, 1957,H.3, S.321-327)

Kanda,A.: Bericht über die öffentliche Verteidigung der Doktordissertation von Doz.Dr.J.Spišiak. "Die Wirtschaftsverträge".(Pr.,1957, H.3, S.266-275)

Lengwinat,K.: Die Hauptprinzipien des neuen Vertragsgesetzes.(Hdl., 1957, H.5, S.24-30)

Liberman, F.Ch.: Die Praxis der Staatlichen Arbitrage in Streitigkeiten bei Verrechnungen für gelieferte Produktion und für Dienstleistungen. (Sov.gos.pravo, 1957, H.4, S.122-128)

Sadikov,O.N.: Die Vermögenssanktionen in den Wirtschaftsverträgen. (Sov.gos.pravo, 1957, H.4, S.50-60)

Sieber,W.: Leihverpackung und Vertragsstrafe. (NJ, 1957,H.7, S.205-206)

Sokol,B.: Die Praxis der staatlichen Arbitrage bei der Entscheidung einiger vorvertraglicher Streitigkeiten beim Abschluss von Wirtschaftsverträgen über die Lieferung und Abnahme von Hüttenerzeugnissen. (Soc.zák.,1957, H.2, S.126-142)

Tarasov,M.A.: Das System des Transportrechts der Sowjetunion. (Sov.gos.pravo, 1957, H.4, S.110-114) 9

Vasilev,L.: Die Zuständigkeit für Streitigkeiten bei Klagen auf gesetzliche Vertragsstrafe wegen Nichterfüllung der Transportpläne. (Soc.pravo, 1957, H.2, S.25-30)

Vlček,F.: Die Normen für Bautermine und Bauwirtschaftsverträge. (Soc.zák., 1957,H.2, S.142-144)

16.LPG-Recht, Bodenrecht

Arlt, R.: Zur Methodik der rechtlichen Regelung der gesellschaftlichen Verhältnisse der Landwirtschaftlichen Produktionsgenossenschaften. (St R, 1957, H.3, S.261-276)

Bašmakov,G.S.(Baschmakow,G.S.): Rechtliche Fragen der Entlohnung in den Kollektivwirtschaften.(Sov.gos.pravo, 1957,H.5, S.130-134) 19

Markowski,W.: Ein Streitfall auf der Grundlage der Auszahlung des Tagewerks in der Produktionsgenossenschaft. (N.P.,1957,H.4,S.106-110)

Ovčinnikov,N.I.(Owtschinnikow,N.I.): Die rechtliche Regelung der Bodennutzung des Hoflandes in den Kollektivwirtschaften. (Sov.gos.pravo, 1957, H.5, S.121-124)

Suchánek, J.: Bericht über die Debatte des wissenschaftlichen Rates des Rechtsinstituts der tschechoslowakischen Akademie der Wissenschaften zur Frage der Voraussetzungen für die Entstehung des Rechts der landwirtschaftlichen Genossenschaften in der ČSR als selbständiger Zweig des tschechoslowakischen Rechts.(Pr., 1957, H.3, S.284-290)

17.Familienrecht

Angelescu,N.H.: Die Aktivität des Notars bei der Aufstellung und Bestätigung einzelner juristischer Dokumente im Hinblick auf das Familiengesetzbuch. (J.N.,1957, H.1, S.53-62)

Artzt,W.: Die vermögensrechtlichen Beziehungen der Ehegatten während der Ehe und nach deren Auflösung. (NJ, 1957,H.10, S.298-302)

Feiler, G.: Zur rechtlichen Stellung des nichtehelichen Kindes. (NJ, 1957,H.10, S.303-304)

Grandke,A.: Zum Ausgleichsanspruch der Frau. (St R, 1957, H.3,S.277-291)

Grzybowski,S.M.: Der Rechtscharakter der Adoption und die Konsequenzen der durchgeführten Gutachten über diese Frage.(N.P.,1957, H.4, S.3-12)

Gurevič,I.S.(Gurewitsch,I.S.): Über einige Fragen des sowjetischen Familienrechts. (Sov.gos.pravo,1956,H.9,S.55-64; deutsch: RID,1957, H.7, Sp.185-195)

Heinrich,W.;E.Göldner;H.Schilde: Die Rechtsprechung der Instanzgerichte in Ehesachen. (NJ, 1957,H.10, S.304-306)

Löwenthal,H.: Zum Artikel von Karl Marx über einen Ehescheidungsgesetzentwurf. (Dem.u.R.,1957,H.2, S.80-89) 5

Nathan, H.: Der Unterhaltsvergleich und der Unterhaltsanspruch der geschiedenen Ehefrau nach dem Tode des Mannes. (NJ, 1957,H.7, S.200-202)

Oridoroga,M.T.: Die Gründe für die Ehescheidung.(Sov.gos.pravo,1957, H.1, S.110-115; deutsch: RID,1957, H.7, Sp.195-204)

Schmißrauther, H.: Unterhaltsansprüche und ihre Durchsetzung.(Schöffe, 1957, H.5, S.138-141)

Szpunar, A.: Die Verwaltung des gemeinschaftlichen Vermögens der Ehegatten. (N.P.,1956,H.10, S.28-42; deutsch: RID,1957,H.7, Sp.204-215)

Einige Fragen des Unterhalts des nichtehelichen Kindes. NJ, 1957,H.8, S.235-238)

18.Zivilprozeß(einschließlich Familienrechtliches Verfahren)

Dobrovol'skij, A.A.(Dobrowolskij,A.A.): Die Teilnahme der Organe der Staatsverwaltung am sowjetischen Zivilprozeß.(Sov.gos,pravo, 1957, H.4, S.61-70) 9

Döring,O.;G.Häusler: Die Mitwirkung des Anwalts bei der Erforschung der Wahrheit im Eheverfahren. (NJ, 1957,H.7, S.211-213)

Fincke, H.: Zur Sachaufklärung in Unterhaltsprozessen.(NJ,1957, H.7, S.209-211)

Heiland,J.: Bemerkungen zum Antrag auf Unterhaltszahlung im Eheverfahren. (NJ, 1957, H.7, S.215-216)

Kopera,J.: Betrachtungen zur Frage der Kosten im Zivilverfahren. (N.P.,1957, H.5, S.86-91)

Lisiewski, M.: Hauptprobleme der Struktur des neuen Zivilverfahrens. (N.P.,1957, H.3, S.9-17)

Oehme,S.;A.Kutschke: Sind die pädagogischen Gutachten zur Sorgerechtsregelung nach geschiedener Ehe vorbereitende Arbeiten im Sinne des § 299 ZPO? (Jug.Heimerz.,1957, H.4, S.154-156)

Rafacz-Krzyżanowska, M.: Die Prozeßkosten im Versäumnisverfahren. (N.P.,1957, H.4, S.97-100)

Štajgr, F.: Der Schutz des sozialistischen Eigentums vom Gesichtspunkt des Zivilprozessrechts. (Pr.,1957, H.3, S.197-205)

Die Beweislast in der Transportversicherung. (Soc.pravo, 1957, H.2, S.44-56)

Wapiennik, S.: Die Lücke im Prinzip der Gleichheit der Parteien im Zivilprozeß. (N.P.,1957, H.4, S.90-93)

Wengerek, E.: Die Handlungen der staatlichen Notariatsbüros im Mandats- und Mahnverfahren. (N.P.,1957, H.3, S.75-91)

19.Arbeitsrecht und Arbeitsrechtliches Verfahren

Aleksandrov, N.G.(Alexandrow,N.G.): Theoretische Fragen der Kodifizierung der Arbeitsgesetzgebung der Unionsrepubliken.(Sov.gos.pravo, 1957,H.4, S.20-31)

Bericht von der Arbeitsrechtskonferenz (Betr.Beendigung u.Änderung von Arbeitsrechtsverhältnissen). (A.u.S.,1957, H.10, S.313-315)

Cohn,K.: Die Beendigung unbefristeter Arbeitsrechtsverhältnisse. (ArbR, 1957,H.5, S.115-117)

Drinkwater, T.: Die Internationale Arbeitsorganisation (ILO) und die Verkürzung der Arbeitszeit.(WGBew.,1957, H.2, S.17-18)

Ewald,E.: Leistungen der Sozialfürsorge für die Bewohner staatlicher Feierabend- und Pflegeheime.(A.u.S. 1957, H.8, S.253-255) 2

Hantzsch,H.: Arbeitsvertrag und Arbeitsrechtsverhältnis.(ArbR,1957, H.4, S.92-93)

Heinrich, G.: Zu einigen Fragen der Bewertung von Unfallfolgen. (A.u.S. 1957, H.8, S.251-252)

Heuer, K.: Das Betriebsverfassungsgesetz in Westdeutschland. (N.Weg, 1957, H.7, S.431-435)

Kaftanovskaja, A.M.(Kaftanowskaja,A.M.): Die Zwangsvollstreckung von Entscheidungen, welche die Wiedereinstellung zur Arbeit betreffen. (Sov.gos.pravo, 1957, H.3, S.81-85)

Zum Entwurf einer neuen Konfliktkommissionsverordnung. (A.u.S.,1957, H.10, S.308-310)

Kormann,H.: Nachlässigkeit in der Behandlung von Arbeitsbüchern als Verstoß gegen das Prinzip der materiellen Interessiertheit. (A.u.S. 1957, H.8, S.246-247)

Kowollik,B.: Der Abschluß des Arbeitsvertrages in der Deutschen Demokratischen Republik. (ArbR, 1957, H.5, S.131)

Kowollik,B.: Die Änderung des Arbeitsrechtsverhältnisses durch deren Beteiligte (Änderungsvertrag). (A.u.S.,1957, H.9, S.280-281; H.11, S.343-344)

Kranke,R.: Erziehen - nicht gleich fristlos entlassen! (Arb.,1957, H.4, (Beil.), S.1-4)

Kunz, Th.: Der Rechtshilfevertrag zwischen der DDR und ČSR und die Aufgaben der Arbeitsgerichte. (ArbR, 1957,H.5, S.124-126)

Lehmann,O.: Wettbewerb und materielle Interessiertheit.(Arb.,1957, H.4, S.3-5)

Die Verwirklichung des Rechts auf materielle Versorgung bei Krankheit, Invalidität und Alter in der Deutschen Demokratischen Republik. (ArbR, 1957, H.5, S.113-115)

Michas,J.: Welche Gründe rechtfertigen eine fristlose Entlassung? (ArbR, 1957,H.4, S.100-101)

Nilsson,I.: Der Zweijahres-Tarifvertrag in Schweden. (WGBew.,1957, H.5, S.25-26)

Parker,J.T.: Der Mindestlohn in den Vereinigten Staaten und seine Auswirkungen. (WGBew.,1957,H.2, S.40-41)

Paul,H.: Bedarf ein Aufhebungsvertrag der Schriftform? (ArbR,1957, H.5, S.117-119)

Pawela,S.: Die Frage der Weisungen des Obersten Gerichts in Mankoprozessen. (N.P.,1957,H.4, S.101-103) 13

Planer, L.: Fragen der materiellen Mitverantwortlichkeit für Fehlbestände. (N.P.,1957,H.4, S.103-106) 13

Renneberg,B.: Zur Rolle des Betriebsrates bei Kündigungen in westdeutschen Betrieben. (ArbR, 1957, H.4, S.85-88)

Die Rentenreform in Westdeutschland. (ddz,1957, H.140, S.62-72)

Schneider,R.: Die Arbeitsgesetzgebung der Deutschen Demokratischen Republik. (ArbR, 1957, H.5, S.126-128)

Schulz,W.: Zu einigen Problemen der Rechtsprechung der Arbeitsgerichte. (ArbR, 1957,H.4, S.94-95)

Tauscher,H.: Zum zeitlich begrenzten Arbeitsrechtsverhältnis.(A.u.S., 1957, H.9, S.278-279; H.10, S.311-313)

Urban, K.: Die neue Sozialgesetzgebung in der Tschechoslowakei. (WGBew.,1957, H.2, S.26-28)

Weiß,A.: Zur Errechnung des Lohndrittels nach § 54 VSV. (A.u.S.1957, H.8, S.244-245)

Das Weisungsrecht des Betriebes im Arbeitsrechtsverhältnis in der DDR. (A.u.S. 1957,H.8, S.247-248)

20.Internationales Privatrecht

Ludwiczak,W.: Verschiedene Lücken im Gesetz vom 2.August 1926 über das Internationale Privatrecht. (P.i P.,1957,H.2, S.325-342)

21.Sonstiges

Über den Stand der juristischen Ausbildung in der UdSSR. (Sov.gos. pravo, 1957, H.3, S.116-119)

Nathan,H.;H.Püschel: Die Gesetzgebung der Deutschen Demokratischen Republik. (NJ, 1957,H.8, S.239-244)

B. BIBLIOGRAPHIE AUS ZEITSCHRIFTEN DER DEUTSCHEN BUNDESREPUBLIK

Diese Bibliographie enthält eine Auswahl einschlägiger Artikel aus folgenden Zeitschriften: 1)

AG	= Der Arbeitgeber, Düsseldorf	1957,H.6-9
ArbuR	= Arbeit und Recht, Köln	1957,H.3-4
ASP	= Arbeit und Sozialpolitik, Frankfurt/M., Bonn, ...	1957,H.4-5
AUSS.POL.	= Außenpolitik, Stuttgart	1957,H.3-5
B	= Der Betrieb, Düsseldorf	1957,H.11-19
BB	= Der Betriebs-Berater, Heidelberg	1957,H.8-13
DJ	= Die Justiz, Düsseldorf	1957,H.1
DÖV	= Die Öffentliche Verwaltung, Stuttgart	1957,H.6-11
DRiZ	= Deutsche Richterzeitung, Köln,Berlin .	1957,H.4-5
DVBl.	= Deutsches Verwaltungsblatt, Köln, Berlin	1957,H.6-10
DWW	= Deutsche Wohnungswirtschaft,Düsseldorf	1957,H.3-4
EA	= Europa-Archiv, Frankfurt/M.	1957,H.6-9
FamRZ	= Ehe und Familie im privaten und öffentlichen Recht, Bielefeld	1957,H.3-5
GAStr	= Goltdammer's Archiv für Strafrecht, Hamburg	1957,H.4-5
Gew.Mon.H.	= Gewerkschaftliche Monatshefte, Köln ..	1957,H.3-5
GRUR	= Gewerblicher Rechtsschutz und Urheberrecht, Weinheim	1957,H.3-4
GRUR Ausl.	= Gewerblicher Rechtsschutz und Urheberrecht, Auslands- und Internationaler Teil, Weinheim	1957,H.2-4
JR	= Juristische Rundschau, Berlin	1956,H.1-12 1957,H.3
JZ	= Juristenzeitung, Tübingen	1957,H.7,8/9
Krim.	= Kriminalistik, Zeitschrift für die gesamte kriminalistische Wissenschaft und Praxis, Hamburg	1957,H.4-5
Mbl.freiheitl.Wipol.	= Monatsblätter für freiheitliche Wirtschaftspolitik, Frankfurt/M.	1957,H.4-5
MDR	= Monatsschrift für Deutsches Recht, Hamburg	1957,H.4
Mitbest.	= Die Mitbestimmung, Hamburg	1957,H.2
Mschr.Krim.	= Monatsschrift für Kriminologie und Strafrechtsreform, Berlin,Köln	1957,H.1-2
N.Abendl.	= Neues Abendland, Jahrbuch für Politik und Geschichte, München	1957,H.1
N.Gesellschaft	= Die Neue Gesellschaft, Bielefeld ...	1957,H.2

NJW	= Neue Juristische Wochenschrift, München,.	1957,H.12-19
Öff.D.	= Der Öffentliche Dienst, Düsseldorf	1957,H.3-4
	Politische Studien,Monatshefte der Hochschule für Politische Wissenschaften, München	1957,H.83-85
Rabels Z	= Zeitschrift für ausländisches und internationales Privatrecht, Berlin	1957,H.1
RdA	= Recht der Arbeit, München, Berlin	1957,H.3-4
RdJ	= Recht der Jugend, Berlin	1957,H.7-10
RdL	= Recht der Landwirtschaft, Hamburg	1957,H.3-4
RiW	= Recht der internationalen Wirtschaft, Heidelberg	1957,H.4
SchlHA	= Schleswig-Holsteinische Anzeigen, Kiel ..	1957,H.4-5
SCHM.JB.	= Schmollers Jahrbuch für Gesetzgebung, Verwaltung und Volkswirtschaft, Berlin ..	1957,H.2
SGb	= Die Sozialgerichtsbarkeit, Wiesbaden	1957,H.3-4
SKV	= Staats- und Kommunalverwaltung, Berlin ..	1957,H.4
Soz.Sicherheit.	= Soziale Sicherheit, Zeitschrift für Sozialpolitik, Köln	1957,H.3-4
TW	= Die Teilzahlungswirtschaft, Dortmund	1957,H.2-3
UFITA	= Archiv für Urheber-, Film-, Funk- und Theaterrecht, Baden-Baden	1957,Bd 23, H.3/4
Weltw.Arch.	= Weltwirtschaftliches Archiv,Zeitschrift d. Instituts f.Weltwirtschaft an der Universität Kiel, Hamburg	1957,Bd 78, H.1
WRP	= Wettbewerb in Recht und Praxis, Frankfurt/M.	1957,H.4
WuW	= Wirtschaft und Wettbewerb, Düsseldorf ...	1957,H.4
Zbl.JugR	= Zentralblatt für Jugendrecht und Jugendwohlfahrt, Köln, Berlin	1957,H.3-5
ZHK	= Zeitschrift für das Gesamte Handelsrecht und Konkursrecht, Stuttgart	1957,Bd 120, H.1/2
ZLR	= Zeitschrift für Luftrecht, Berlin,Köln...	1957,Bd 6,H.2
ZMR	= Zeitschrift für Miet-und Raumrecht, Düsseldorf	1957,H.4-5
Z.POLIT.	= Zeitschrift für Politik, Berlin	1956,H.3
ZSR	= Zeitschrift für Sozialreform, Wiesbaden .	1957,H.2-4
ZStr	= Zeitschrift für die gesamte Strafrechtswissenschaft, Berlin	1956,Bd 68,H.4
Z.St.soz.	= Zeitschrift für Staatssoziologie,Darmstadt	1956,H.4 1957,H.1
ZV u ZV	= Zeitungs-Verlag und Zeitschriften-Verlag, Wiesbaden	1957,H.5,7-10

1) Die hier aufgeführten Hefte sind gemäß der Benutzungsordnung der Bibliothek des Deutschen Instituts für Rechtswissenschaft bedingt ausleihfähig.

1.Soziologie,allgemeine Staatslehre, Rechtsphilosophie [1)]

Deist,H.: Wirtschaftsdemokratie. (N.Gesellschaft,1957, H.2, S.99-109) 12,16

Herrfahrdt,H.: Staat und Recht im Licht letzter Werte.(Z.POLIT., 1956, H.3, S.207-227)

2.Staats-und Rechtsgeschichte

Bracher, K.D.: Der 20.Juli 1932. (Z.POLIT.,1956, H.3, S.243-250)

Wagner, A.: Der Richterrat in rechtsgeschichtlicher und rechtsvergleichender Sicht. (JR,1956, H.7, S.241-244) 9

3.Völkerrecht und Außenpolitik

Resolution der Association Européenne pour l'Etude du Problème des Réfugiés (AER). (AVö. 1957,Bd.6,H.2, S.199-200)

Konstituierende Generalversammlung und Europäische Wirtschaftskonferenz der Aktionsgemeinschaft Europäischer Föderalisten in Paris. (EA, 1957, H.8, S.9793-9795)

Baginjan,K.A.: Die ständige Neutralität, das Recht auf Selbstverteidigung und das System des Regionalismus im Zusammenhang mit der Charta der Vereinten Nationen. (DJ, 1957,H.1, S.11-14)

Bailey,R.: Die britische Einstellung zum europäischen gemeinsamen Markt und zur Freihandelszone. (EA, 1957,H.9, S.9803-9806)

Borch,H.von: Haben die Vereinigten Staaten eine Außenpolitik? (AUSS.POL.,1957, H.3, S.159-174)

Brügel,J.W.: Das Selbstbestimmungsrecht der Völker und die Grundrechte des Menschen. Ein Zwischenbericht zur Kodifizierung der Menschenrechte. (EA,1957, H.9, S.9814-9820)

Cocca, A.: Verfahren zur Erforschung der sich aus der Eroberung des Weltraums ergebenden Rechtsprobleme. (ZLR,1957, Bd.6,H.2,S.75-79)

Der endgültige Wortlaut der "Eisenhower-Doktrin". (EA,1957,H.8, S.9785-9786)

Gatz,W.: Für und Wider des Gemeinsamen Marktes. (AG,1957, H.6, S.197-199) 6

Gschnitzer,F.: Die Südtiroler Frage. (AUSS.POL.,1957, H.4,S.208-217)

Haley,A.G.: Weltraumrecht und Recht außerhalb der Erde. (ZLR,1957, Bd.6, H.2, S.59-74)

Hankel,W.: Das unzulängliche Europa-Rezept.(Betr.: Gemeinsamer Markt). (Mbl.freiheitl.Wipol., 1957,H.4, S.212-216) 6,12

1) Die nach der Fundstelle eines Artikels angegebenen Zahlen verweisen auf die Bedeutung dieses Artikels auch für andere Fachgebiete entsprechend der hier zugrunde gelegten Systematik.

Die Ergebnisse der Konferenz zwischen Präsident Eisenhower und Premierminister Macmillan auf Bermuda vom 21.bis zum 24.März 1957. (EA, 1957, H.8,S.9786-9787)

Körby,H.: Bundeswehr, Atomstrategie und Völkerrecht. (DJ,1957,H.1, S.8-11) 4

Kühne,K.: Das Feilschen um den Gemeinsamen Markt.(Gew.Mon.H.,1957, H.5, S.287-295) 6,12

Luther, H.: Stresemann und Luther in Locarno. (Politische Studien, 1957, H.84, S.1-15) 2

Menzel,E.: Die Rüstungskontrolle der Westeuropäischen Union und das NATO-System. (EA, 1957,H.8, S.9767-9776)

Müller, J.K.H.: Luftrechtliche Dokumentation. (ZLR,1957,Bd.6, H.2, S.80-90)

Osterheld,H.: Eine Lücke im Genfer Abkommen über die Behandlung der Kriegsgefangenen. (AVö,1957,Bd.6, H.2, S.190-196)

Potthoff,H.: Die Europäische Wirtschaftsgemeinschaft.(Gew.Mon.H., 1957,H.5, S.282-287) 6,12

Reemts,H.: Dokumentation des Luftrechts. (ZLR,1957,Bd.6, H.2,S.91-95)

Schätzel,W.: VI. Generalversammlung der Association Européenne pour l'Etude du Problème des Réfugiés (AER) 1956 in Vaduz.(AVö,1957,Bd.6, H.2, S.196-198)

Schuster,H.: Die Aufwertung der Neutralität. (AUSS.POL.,1957,H.4, S.244-257)

Schwann,H.: Die Volksrepublik China im Kraftfeld der Weltpolitik. (AUSS.POL.,1957, H.5, S.328-332)

Sieveking, K.: Die europäische Aufgabe der deutschen Außenpolitik. (AUSS.POL.,1957, H.3, S.147-154)

Stein,E.: Auswirkungen der Einbeziehung neuer Mitglieder in die Organisation der Vereinten Nationen. (EA,1957, H.6, S.9663-9673; H.7, S.9733-9746; H.8, S.9777-9784)

Steindorff,E.: Europäischer Markt und Euratom. (AVö,1957, Bd.6, H.2, S.174-190)

4.Staatsrecht

Becker, H.J.: Zum Konkordatsurteil des Bundesverfassungsgerichts. (NJW, 1957,H.19, S.694-697)

Elmerich,E.: Gleichberechtigung der Jugend.(Z.St.soz.,1956,H.4,S.25-28)

Flechtheim,O.K.: Parteien und Organisationen in der Bundesrepublik. (Gew.Mon.H.,1957, H.5, S.259-265)

Glatz: Die Entwicklung des öffentlichen Rechts in Hamburg im 2.Halbjahr 1956. (DVBl.,1957,H.6, S.196-200) 5,6

Grabowsky, A.: Mißbrauchte Pressefreiheit. (Z.POLIT.,1956, H.3, S. 259-264)

Gross,W.: Betrachtungen. (Betr.: Stellung u.Aufgaben des Wehrbeauftragten des Bundestages). (DVBl.,1957, H.10, S.342-344)

Hamann: Referentenkommentare. (Beleuchtet unter verfassungsrechtlichem, beamtenrechtlichem und wettbewerbsrechtlichem Aspekt). (NJW, 1957, H.17, S.616-618) 5,12

Heckt,W.: Die Neuordnung der verfassungsrechtlichen Grundlagen der gemeindlichen Selbstverwaltung. (DÖV, 1957, H.6, S.164-169) 5

Könecke,F.: Durch innenpolitische Einigkeit zur deutschen Einheit. (AUSS.POL.,1957, H.5, S.294-304)

Mercker, R.: Die Novelle zum Bundesverfassungsgerichtsgesetz.(JR,1956, H.9, S.321-325)

Neumann-Duesberg: Entwurf eines Gesetzes über den zivilen Ersatzdienst. (RdA, 1957, H.3, S.106-107) 16

Obermayer, K.: Der Rechtsschutz des Soldaten auf Grund der Wehrbeschwerdeordnung und der Wehrdisziplinarordnung. (DVBl.,1957,H.8, S. 263-272) 5

Pagel,G.: Immunität und Unterlassungsklage. (DÖV, 1957,H.10,S.287-288)

Patschke,H.: Scheitert der Rechtsstaat? (Betr. Verfassungsmäßigkeit von Gesetzen). (BB, 1957, H.8, S.265-267)

Rumpf,H.: Aktuelle Rechtsfragen der Wiedervereinigung Deutschlands. (EA, 1957, H.7, S.9723-9732)

Sind schlechte Gesetze nichtig? (Mbl.freiheitl.Wipol.,1957, H.5, S.273-275)

Sievers,E.R.: Das Normenkontrollverfahren nach Art.100 Abs.1 GG bei geänderten vorkonstitutionellen Gesetzen. (DRiZ, 1957, H.4,S.78-80)

Strauß,F.J.: Sicherheit und Wiedervereinigung. (AUSS.POL.,1957,H.3, S.140-147) 2

Tacke,B.: Gewerkschaften und Wiedervereinigung. (AUSS.POL.,1957,H.4, S.224-228)

Wickel,H.: Neutrale oder unabhängige Gewerkschaften? (Gew.Mon.H., 1957, H.4, S.193-196) 16

Zeidler,W.;A.Hamann: Nochmals: "Die verfassungsmäßige Ordnung". (BB, 1957, H.10, S.341-344)

5.Verwaltungsrecht und Verwaltungsgerichtsverfahren

Bauch,B.: Das Bundesleistungsgesetz. (DÖV, 1957, H.6, S.161-164) 10

Bernstorff,W.von: Namensschutz und Namensänderung. (DÖV,1957, H.9, S.249-251) 10

Bremer,H.: Das neue Recht der Industrie- und Handelskammern. (JR, 1957, H.3, S.81-85)

Clasen: Die freiwillige Umlegung nach § 28a des Gesetzes über Maßnahmen zum Aufbau in den Gemeinden.(Aufbaugesetz) i.d.F.v.29.4.1952. (DVBl.,1957, H.7, S.233-235)

Cremerius,P.: Rechtsstellung und Aufgaben der deutschen Bundespost. (DÖV, 1957, H.6, S.174-176)

Dickmann,H.: Die Beseitigung behördlicher Bewilligungen durch Aufhebung oder Widerruf. (DÖV, 1957, H.10, S.278-284)

Dittus,W.: Planung und Sozialgebundenheit des Grundeigentums.(DVBl., 1957, H.10, S.329-333) 4,10

Fassold,J.: Die Notwendigkeit des Abschlusses der Unterbringung nach dem Gesetz zu Art.131 GG. (Öff.D.,1957, H.4, S.64-68)

Fischbach,O.G.: Die Wahrnehmung berechtigter Interessen im Disziplinarverfahren. (JR, 1956, H.7, S.253-255)

Fischerhof,H.: Öffentliche Versorgung mit Wasser, Gas, Elektrizität und öffentliche Verwaltung. (DÖV, 1957, H.11, S.305-316)

Gieseke, P.: Die Wasserverbandsverordnung als Bundes-oder Landesrecht. (Schlußwort). (DÖV, 1957, H.10, S.277-278) 4

Groebe,K.: Das Verordnungsrecht der Gemeinden, Kreise und Bezirke in Bayern. (DÖV,1957, H.6, S.177-179)

Groebe,K.: Vollzugsunfähige Verwaltungsakte. (DÖV,1957, H.8, S.233-236)

Häusler,W.: Das Landbeschaffungsgesetz. (DWW,1957, H.3, S.63-64; H.4, S.86-88) 4,10

Henkelmann,W.: Rationalisierung in der Arbeitsverwaltung- aber wie? (Soz.Sicherh.,1957, H.3, S.82-84) 16,17

Henle, W.: Staatsvereinfachung in Bayern. (Teil II). (DÖV,1957,H.10, S.273-277)

Hoffmann,W.: Die Entwicklung des öffentlichen Rechts in Hessen im 2. Halbjahr 1956. (DVBl.,1957, H.8, S.272-274)

Klinger: Der Rechtsschutz gegen die Ablehnung einer beantragten Amtshandlung. (NJW, 1957, H.18, S.654-657)

Köhler,K.H.von: Fragen des im Personalvertretungsgesetz angeordneten Beschlußverfahrens vor den Verwaltungsgerichten. (JR,1956, H.3, S.91-94) 16

Krassnig,H.: Eigentumsgarantie und Baubeschränkungen.(DÖV,1957, H.10, S.284-287)

Krause, G.: Zuständigkeitsfragen bei den Aufgaben der Gefahrenabwehr in Hessen. (DÖV, 1957, H.7, S.206-211)

Kühne,H.J.: Zur Entschädigungsfrage von Liegenschaftsrequisitionen in der ehemaligen britischen Zone. (NJW, 1957, H.17, S.609-613)

Kunze: Das Landbeschaffungsgesetz. (RdL, 1957,H.4, S.91-96) 10

Lutz, J.: Währungsreform, Verjährung und Verwirkung im Anliegerbeitragsrecht. (DWW, 1957,H.3, S.55-57) 6

Mannheimer,L.: Zum Gnadenrecht des Bundespräsidenten in Disziplinarsachen. (JR, 1956, H.9, S.327-328) 4

Meyer,O.: Der Nachweis von Rechten nach G 131. (Öff.D.,1957, H.3, S.45-47)

Meyer-Dalheuer: Probleme der Bundeswehrverwaltung.(DVBl.,1957,H.6, S.185-191) 4

Mittelbach,H.: Zur Bemessung der Geldbuße bei Ordnungswidrigkeiten. (DÖV, 1957,H.9, S.251-256) 7

Moll,R.: Dürfen die Bezüge der Wahlbeamten herabgesetzt werden? (DÖV,1957, H.8, S.229-233)

Müller,H.: Wirkungsloserklärung vorangegangener Entscheidungen im Verwaltungsstreitverfahren. (DVBl.,1957,H.6, S.195-196)

Naumann, R.: Neuordnung der Verwaltungsgerichtsbarkeit in Baden-Württemberg. (DÖV,1957, H.6, S.169-172)

Neumann: Die Anfechtung formeller Verwaltungsakte, insbesondere der Festsetzung von Zwangsmitteln. (DVBl.,1957, H.9, S.304-306)

Neumann, S.: Die Anerkennung der politisch, rassisch oder religiös Verfolgten des Nationalsozialismus nach dem Gesetz vom 13.April 1956 PrVG - für Berlin. (JR, 1956,H.11, S.406-409)

Newerla,R.;E.Dahlinger: Nochmals: Die Beweislast im Verwaltungsprozeß. (NJW,1957, H.17. S.619-620)

Oppenheimer, J.: Verfahrensrechtliches zum Mandatsverlust von Gemeindevertretern in Nordrhein-Westfalen. (DVBl.,1957,H.10,S.339-342)

Raisch,P.: Zum künftigen Atomrecht in der Bundesrepublik.(JR,1956, H.10, S.361-367) 4,10

Reuscher,F.: Zum Notleistungsrecht der Bundesländer nach dem neuen Bundesleistungsgesetz. (DÖV, 1957,H.7, S.195-198)

Reuß,H.: Revision und Nichtzulassungsbeschwerde zum Bundesverwaltungsgericht. (DVBl.,1957,H.9, S.293-297)

Roedenbeck, H.C.: Die Entwicklung des öffentlichen Rechts in Berlin im 2. Halbjahr 1956. (DVBl.,1957, H.10,S.344-347) 4,16

Saage,E.: Der Anwendungsbereich des Bundesgesetzes über das gerichtliche Verfahren bei Freiheitsentziehungen.(JR, 1956,H.8,S.282-284) 7

Sauer: Funktions-und Rechtsnachfolge nach dem Reichsnährstand. (RdL, 1957, H.4, S.85-91)

Schack, F.: Requisitionsschäden und Aufopferungsanspruch.(NJW,1957, H.18, S.652-654)

Scheer,B.: Die polizeiliche Vollzugshilfe. (SKV,1957, H.4, S.83-84)

Schultz,B.: Einige Gedanken zum Standort des Verwaltungsstreitverfahrens im Gefüge einer allgemeinen Prozeßrechtslehre. (JR,1956,H.4, S.134-135)

Schultz,G.: Blick in die Zeit. (Betr.:Organisation u.Verfahren des Obersten Rückerstattungsgerichts u.Rechtspflegergesetz).(MDR,1957, H.4, S.208-210) 9

Schütz,E.: Amtsbezeichnung, Titel und Rang im Beamtenrecht.(Öff.D., 1957, H.4, S.61-64)

Seibt, H.: Bedarf das Änderungsgesetz zum RJWG von 1953 einer Ergänzung? (DVBl.,1957,H.6, S.191-193)

Selbach, K.: Zum Entwurf eines Wasserhaushaltsgesetzes.(DÖV,1957,H.7, S.202-204)

Sellmann: Grundsätzliches zur Disziplinargerichtsbarkeit.(DVBl.,1957, H.7, S.227-233)

Stiefken,H.: Wesen und Bedeutung kommunaler Versorgungsunternehmen und ihre Tarife. (SKV,1957, H.4, S.77-79)

Stiefken,H.: Baustufenordnungen als Baupolizeiverordnungen oder Ortssatzungen? (DÖV, 1957, H.7, S.204-206)

Tietgen,W.: Die gegenwärtige Lage der Verwaltung und der Stand der verwaltungswissenschaftlichen Forschung in den europäischen Staaten. (DVBl.,1957, H.9, S.306-311)

Thierfelder, H.: Die Entwicklung des öffentlichen Rechts im Lande Baden-Württemberg im 2.Halbjahr 1956. (DVBl.,1957,H.9, S.311-313)

Tschischgale, M.: Die Vergütung der im Unterbringungsverfahren vernommenen Sachverständigen. (JR,1956,H.7, S.257-258)

Weimar,W.: Die Geschäftsführung ohne Auftrag im öffentlichen Recht. (SKV,1957, H.4, S.81-82) 10

Werner,F.: Zur Kritik an der Verwaltungsgerichtsbarkeit.(DVBl.,1957, H.7, H.7, S.221-227)

Witzel,G.: Die Wasserverbandsverordnung als Bundes- oder Landesrecht. (DÖV, 1957,H.7, S.198-201) 4

6.Finanz-,Steuer-u.Preisrecht(einschließlich Finanzgerichtsverfahren)

Arendt, W.: Prüfung privatrechtlicher Gesellschaften durch die Rechnungshöfe. (DÖV,1957, H.9, S.256-260) 5

Barske: Der Anschluß an ein Rechtsmittel. (Betr.: Steuerprozeß). B,1957, H.14, S.317-318)

Eichhorn,E.: Aufteilung der Hypothekengewinnabgabe.(DWW,1957, H.3, S.59-62)

Friedrich,W.: Die Verfassungswidrigkeit der Ehegattenbesteuerung. (NJW,1957, H.14, S.528-530) 4,14

Galler, R.O.: Lizenzverträge mit ausländischen Lizenzgebern: Beschränkte Vermögenssteuerpflicht in der Bundesrepublik Deutschland. (RiW, 1957,H.4, S.68-69) 11

Geldmacher, E.: Die Gewinnsteuerbelastung in einigen konkurrierenden Ländern. (B,1957,H.16, S.361-363)

Gerth,E.: Neues Sparkassenrecht in Nordrhein-Westfalen.(Öff.D.,1957, H.3, S.43-45)

Hartz: Fortgeltendes Steuerrecht aus der Zeit der Diktatur.(B,1957, H.16, S.364-367)

Hartz:Ehegattenbesteuerung und Rechtsprechung.(B,1957, H.17, S.390-392) 4,14

Hesberg, C.: Grundlegende Neuregelungen im Lastenausgleich durch das kommende 8.Änderungsgesetz. (DWW,1957, H.4, S.73-76)

Hinst: Zollprobleme der Europäischen Wirtschaftsgemeinschaft und der Europäischen Freihandelszone. (RiW,1957, H.4, S.61-64) 3

Hinst: Zweite Veröffentlichung von Gutachten des Brüsseler Zollwertausschusses. (RiW,1957, H.4, S.64-66) 3

Kraft,A.: Einheitliche Bundesfinanzgerichtsbarkeit? (DÖV,1957,H.7, S.211-213)

Lantau, K.H.: Das "splitting" - eine Lösung für die künftige Ehegattenbesteuerung. (BB,1957, H.9, S.323-324) 4,14

Mattern,G.: Die steuerrechtliche Haftung des Bevollmächtigten oder Verfügungsberechtigten. (BB,1957, H.12,S.432-434; H.13,S.467-471)

Mosich,E.: Preissteigerungen und Währungsstabilität. (Politische Studien,1957, H.84, S.27-36)

Mundt, J.: Ermäßigung der Hypothekengewinnabgabe bei Tilgungshindernissen vor der Währungsreform. (JR, 1956,H.11, S.401-406; H.12,S.445-453) 10

Natzel,B.: Regelung von Streitigkeiten aus dem Mitbestimmungsergänzungsgesetz. (B,1957, H.18, S.428-430) 12

Osthold,E.A.: Der Umfang der Lohnpfändung. (B,1957,H.15,S.357) 15

Paulick,H.: Ehegattenbesteuerung in veränderter Sicht.(Zum Beschluß des B.Verf.G.s.17.1.1957). (FamRZ,1957, H.4, S.105-107) 14

Rau,G.: Der Entwurf des Umwandlungs-Steuergesetzes. (BB, 1957,H.11, S.396-399) 12

Reinhard, H.: Die hauptsächlichen Verbesserungen des Lastenausgleichs. (DWW,1957, H.4, S.80-83)

Runniger,R.: Zur Versteuerung von Lohnsteuernachforderungen.(B,1957, H.18, S.413-415) 16

Scheurl, A.Frhr.von: Die Pensionszusage als bewertungsrechtlich unselbständiger Bestandteil des Arbeitsverhältnisses.(BB,1957,H.10, S.361-363) 16

Schoch:Rechte und Pflichten des Prüfers und des Steuerpflichtigen bei Betriebsprüfungen. (B,1957, H.14, S.316-317)

Schultze-Schlutius,H.G.;W.Flume: Das Gutachten des Bundesfinanzhofs zur Besteuerung der Dividendengarantie bei Organschaftsverhältnissen. (B, 1957,H.19, S.433-441) 12

Spitaler, A.: Der Beschluß des Bundesverfassungsgerichtes zur Ehegattenbesteuerung. (BB,1957, H.8, S.268-270) 4,14

Steeg, H.: Das 2.Umstellungsergänzungsgesetz.(BB,1957, H.11, S.384-389)

Stenger, A.: Richtlinien über Durchführung der Grundsteuervergünstigung nach dem 2. Wohnungsbaugesetz.(DWW, 1957,H.4, S.77-79)

Terstegen: Wichtige Besonderheiten des Verwaltungs-Steuer-Strafverfahrens. (JR,1956, H.12, S.441-445) 7

Thiel,R.: Die Umwandlung von Kapitalgesellschaften. Steuererleichterungen nach dem Entwurf eines Umwandlungs-Steuergesetzes.(B,1957, H.17, S.385-389) 12

Thiel,R.: Verfassungswidrige und verfassungsgemäße Ehegattenbesteuerung. Gedanken zur Entscheidung des Bundesverfassungsgerichts. (B,1957, H.11, S.244-247) 4,14

Wetzel,E.: Die neue Wertzollordnung. (B,1957, H.12, S.277-278)

Wiethaup:Das gemeindliche Abgabewesen in Nordrhein-Westfalen. (DVBl.,1957, H.9, S.297-304)

7.Strafrecht, Strafprozeß

Aeppli,H.: Selbstmord und Statistik. (Krim.,1957, H.4, S.132-134)

Bartsch,H.: Jugendkriminalität und Hilfsschule.(Krim.,1957,H.4, S.134-136)

Bartz,H.: Die Entwicklung der Kriminalstatistik nach dem Jahre 1945 in den deutschen Westzonen und in der Bundesrepublik Deutschland. (Mschr Krim,1957, H.1-2, S.1-22)

Baumann,J.: Pönalisierung von Kaufverträgen durch Eigentumsvorbehalt. (ZStr, 1956,Bd.68,H.4, S.522-542) 10

Blei,H.: Die Beeinträchtigung der Straßenverkehrssicherheit als Tatbestandsmerkmal des § 315a StGB. (NJW,1957, H.17,S.620-621)

Blei,H.: Falschverdächtigung durch Beweismittelfiktion.(GAStr,1957, H.5, S.139-146)

Börker, R.: Der Irrtum des Unterlassungstäters über die Rechtspflicht zum Handeln. (JR, 1956,H.3, S.87-90)

Börker, R.: Zur Bedeutung besonderer persönlicher Eigenschaften oder Verhältnisse bei der versuchten Anstiftung zu einem Verbrechen. (JR, 1956,H.8, S.286-288)

Carspecken: Die Jugendgerichtshilfe und die Bewährungshilfe, Konkurrenz oder Ergänzung? (Zbl.JugR, 1957,H.4/5, S.89-96)

Dreher, E.: Die 9.Arbeitstagung der Großen Strafrechtskommission 23.bis 28.April 1956. (ZStr, 1956,Bd.68,H.4, S.543-598)

Dreher, E.: Verbotsirrtum und § 51 StGB. (GAStr,1957, H.4, S.97-100)

Eliasberg, W.G.: Die Werbung als Vorbereitungshandlung.(Mschr Krim, 1957, H.1-2, S.33-40)

Enzian,R.: Wesen und Wirken des Vorführungsbefehls.(NJW,1957, H.12, S.450-452)

Falck, E.: Über den gerichtlichen Schriftsachverständigen.(JR,1956, H.7, S.255-257) 15

Gaberdiel, H.: Beginn der Rechtsmittelfrist für die Staatsanwaltschaft im vereinfachten Jugendverfahren. (NJW, 1957,H.14, S.532-533)

Gay,W.: Die Stellung der Kriminalpolizei im Strafprozeß.(Krim.,1957, H.5, S.157-160)

Grassberger, R.: Die Persönlichkeit des Sexualverbrechers.(Krim.,1957, H.4, S.121-124)

Hadamik,W.: Leidenschaft und Schuld.(Betr.die Frage der Zurechnungsfähigkeit des Affektverbrechens). (GAStr,1957, H.4, S.101-108)

Harbauer: Gnadenerweis nach beendeter Strafvollstreckung? (NJW,1957, H.13, S.492-493)

Heinitz,E.: Nötigung, Aufruhr und Landfriedensbruch bei Streikausschreitungen. (JR, 1956,H.1, S.3-5) 16

Heinitz,E.: Streitfragen der Versuchslehre. (JR,1956, H.7, S.248-252)

Herold,G.: Untersuchungshaft bei Jugendlichen und Heranwachsenden. (RdJ, 1957,H.7, S.103-106)

Holle,R.: Die Polizeiliche Kriminalstatistik für die Bundesrepublik Deutschland 1956. (Krim.,1957,H.5, S.161-163)

Horster,F.: Zur Diskussion über die Reform des Strafvollzuges - unter besonderer Berücksichtigung der politischen Gefangenen.(DJ,1957, H.1, S.1-5)

Jescheck,H.H.: Die Beschlagnahme periodischer Druckschriften in rechtsvergleichender Darstellung. (ZStr,1956,Bd.68,H.4,S.652-689) 5

Koeniger,H.: Der Mißbrauch abhängiger Personen (§ 174 Nr.2 StGB). (NJW, 1957,H.13, S.481-484)

Lange,R.: Nur eine Ordnungswidrigkeit? (Betr.: Anwendung der sog. Schuldtheorie auf Gebots-u.Verbotswidrigkeiten). (JZ,1957,H.8/9, S.233-239)

Mannheim, H.: Über einige neuere Entwicklungstendenzen in der kriminologischen Forschung. (Mschr Krim,1957, H.1-2, S.1-22)

Mittelbach,H.: Die bedingte Entlassung (§ 26 StGB). (JR,1956, H.5, S.165-169)

Mittelbach,H.: Landesverräterischer Nachrichtendienst (§ 100 e StGB). (NJW,1957, H.18, S.649-652)

Nass, G.: Über die zweifache archaische Wurzel der Dtrafe.(Mschr Krim, 1957, H.1-2, S.40-47)

Oellrich,W.: Der Strafrechtsausschuß des DRB zu §§ 42 m und 42 l StGB. (DRiZ, 1957, H.4, S.80-82)

Pfannenschwarz, K.: Das 5. Strafrechtsänderungsgesetz.(DJ,1957,H.1, S.5-8)

Sarstedt,W.: Rundfunkaufnahmen im Gerichtssaal. (JR,1956, H.4,S.121-127)
9,15

Sauer, W.: Probleme der richterlichen Strafzumessung.(GAStr,1957, H.5, S.129-139)

Schandelmaier, P.: Haftbefehl gemäß §§ 112 ff. StPO im Ordnungswidrigkeiten-Verfahren? (NJW, 1957,H.14, S.533-534)

Schnitzerling, M.: Von den Bewährungsauflagen und den Grenzen richterlicher Zuständigkeit, besonders aus verkehrsstrafrechtlicher Sicht. (MDR, 1957,H.4, S.201-203)

Schulz,G.: Gerichtliche Erziehungskartei und Kriminalpolizei.(RdJ, 1957, H.7, S.101-103)

Siegert,K.: Grenzen rechtmäßiger Tonbandaufnahmen im Strafprozeß. (DRiZ,1957, H.5, S.101-103)

Simson: Ohne Verlust der bürgerlichen Ehrenrechte (Schwedische Prinzipien und Erfahrungen). (NJW,1957, H.18, S.659-660)

Steinemann,K.: Gerichtsbeschlüsse für Gefangene im Jugendstrafvollzug. (Zbl.JugR, 1957, H.3, S.62-66)

Viedebantt, J.: Gerichtsurteile zum Thema "Prüfungspflicht des Handels". (ZV u.ZV,1957, H.10, S.326-327)

Willms, G.: Die Organisationsdelikte. (NJW, 1957,H.15/16, S.565-568)

Woesner,H.: Fragen ärztlicher Geheimhaltungspflicht.(NJW,1957, H.19, S.692-694)
10

8.Kriminalistik,Gerichtliche Medizin, Gerichtspsychiatrie-psychologie

Dorsch,A.: Brandermittlung. (Krim.,1957, H.5, S.185-189)

Schreiber, H.: Die Sicherung von Beweismitteln bei Giftverdacht. (Krim.,1957, H.5, S.179-182)

Wehner,B.: Die Notwendigkeit einer zentralen Verbrechensbekämpfung. (Krim.,1957, H.5, S.164-167)

Wenzky,O.: Über den "ersten Angriff". (Die taktischen Massnahmen bei Einleitung einer Kriminaluntersuchung).(Krim.,1957, H.4, S.127-131)

9.Gerichtsverfassung(einschließlich Justizverwaltung, Staatsanwaltschaft,Notariat und Anwaltschaft)

Zweite Sitzung der DRB- Kommission für die Große Justizreform.(DRiZ, 1957, H.5, S.113-114)

Holste:Einheitliche Gerichtsbarkeit im Hinblick auf das Vertrauen zur Rechtspflege. (DRiZ, 1957, H.4, S.75-77)

Imme,A.: Zur Frage der Zulässigkeit des Verfahrens vor den Ehrengerichten. (JR,1956, H.8, S.285-286)

Keidel,T.: Das Rechtspflegergesetz. (NJW,1957, H.14, S.521-525) 15

Koch,H.J.: Sachverständige oder Spezialgerichtsbarkeit? (JR,1956, H.10, S.369-370)

Müller,H.: Verfahrensverweisung zwischen Gerichten verschiedener Zweige der Rechtsprechungsgewalt. (JR,1956, H.2, S.48-49)

Nehlert,G.: Mitteilungen aus der Berliner Justiz und Rechtsanwaltschaft. (JR, 1956,H.10, S.396-400)

Potrykus,G.: Politisierung der Jugendwohlfahrt und der Jugendgerichtsbarkeit. (RdJ,1957, H.7, S.99-101) 5

Reinicke,G.u.D.Die Bindung des Richters an veraltete Gesetze.(MDR, 1957, H.4, S.193-198)

Zum Regierungsentwurf eines Deutschen Richtergesetzes. (DRiZ,1957, H.5, S.106-107)

Schack,W.von: Zur bevorstehenden Neuordnung des Notarrechts.(JR,1956, H.5, S.161-165)

Wagner, A.: Dringende Fragen einer Justizreform.(DRiZ,1957, H.5, S.93-98)

Weber,W.: Die Einheit der rechtsprechenden Gewalt.(ZSR,1957, H.4, S.109-114)

10.Zivilrecht

Aldermann, F.: Miteigentum von Arbeitnehmern.(ASP,1957, H.4, S.105-109) 16

Bayer,H.: Betriebliches und überbetriebliches Miteigentum.(Gew.Mon.H., 1957, H.5, S.274-281) 16

Clasen: Zur rechtlichen Natur des Schmerzensgeldanspruches.(NJW, 1957, H.19, S.697-698)

Cranz,W.: Finanzierungsbeiträge und Abstandszahlungen nach dem Bundesmietengesetz. (JR,1956, H.9, S.325-327)

Darkow,K.: Der Erwerb des Pfandrechts gemäß § 233 BGB. (JR,1956,H.9, S.337-338)

Ebert,D.;E.Möllers: Finanzierungsvertrag und Sachmängeleinreden. (NJW, 1957,H.15/16, S.573-575)

Freies Eigentum statt Miteigentum. (Mbl.freiheitl.Wipol.,1957,H.5, S.296-299) 16

Gallois,H.: Die wachsende Bedeutung der Verkehrssitte und ihre Einwirkung auf nachgiebiges Recht. (JR, 1956, H.11, S.409-411) 12

Gruner,E.: Der Rücktritt vom Teilzahlungsvertrag. (TW,1957, H.3, S. 88-90)

Hinkel,K.: Neuverteilung des Eigentumszuwachses. (Gew.Mon.H.,1957, H.3, S.158-161) 16

Holthöfer: Zur Auslegung des § 30 Abs.2 WohnBewG. (JR,1956, H.11, S.413-414) 15

Jessen,U.: Zur Anwendung der §§ 618, 619 BGB auf den Auftrag. (.R, 1956,H.6, S.214-215)

Kosack, G.: In welchen Fällen ist nach § 39 GBO die vorherige Eintragung des Umstellungsbetrages eines auf RM lautenden Grundpfandrechts erforderlich? (JR,1956, H.2, S.42-45; H.3,S.83-87)

Kurtze,H.: Die Bedeutung des verhinderten Verlustes im Schadensersatzrecht. (JR, 1956,H.6, S.201-206; H.7, S.244-248)

Linde,T.: Sicherung des Gläubigers nachrangiger Grundpfandrechte. (NJW,1957, H.12, S.449-450)

Mielke,M.: Die Billigkeitshaftung jugendlicher Schadensstifter. (RdJ,1957, H.9, S.133-134)

Mies: Erfüllung und Schadenersatz bei Versäumung von Filmspielterminen. (UFITA, 1957,Bd.23, H.3/4, S.160-166)

Müller,W.: Die Ermächtigung eines Minderjährigen oder Mündels zum selbständigen Betrieb eines Erwerbsgeschäftes.(BB, 1957,H.13, S.457-459) 12,14

Neumann-Duesberg, H.: Keine Wahrnehmung berechtigter Interessen durch die Presse bei Mißbrauch der Pressefreiheit.(JR,1957,H.3, S.85-88)

Opitz, R.: Die betriebliche Gruppenunfallversicherung mit und ohne Prämienrückgewähr. (BB,1957,H.10 (Beil.). 6,16

Ostler,F.: Zur Reform des Abzahlungsgesetzes. (JR, 1957,H.3,S.96-98)

Ottow, J.: Zur Verjährung des gegen den Nacherben gerichteten Pflichtteilanspruches. (MDR, 1957,H.4, S.211-212)

Pollems,H.: Zur Sicherungsübertragung von Rechten an Warenlagern. (B,1957, H.19, S.449)

Rabel,E.: Bericht über die Nützlichkeit einer Vereinheitlichung des Kaufrechts. (RabelsZ, 1957, H.1, S.117-123)

Riese,O.: Der Entwurf zur internationalen Vereinheitlichung des Kaufrechts. (RabelsZ, 1957, H.1, S.16-116)

Roquette, H.: Das Mietrecht der freifinanzierten Wohnungen.(MDR, 1957, H.4, S.198-200)

Roquette,H.: Wohnrecht und Mietrecht. (NJW, 1957,H.14, S.525-528)

Roth-Stielow,K.: Haftung der Eltern für Verkehrsunfälle, die spielende Kinder verursachen. (NJW, 1957, H.13, S.489-490)

Ruge,H.: Noch einmal: Schönheitsreparaturen nach Kriegsschädenbeseitigung. (JR, 1956, H.1, S.10-11)

Rust: Der "Alleinauftrag" des Immobilienmaklers.(MDR,1957, H.4, S. 205-207)

Sasse,J.: Die Rechtsprechung des Bundesgerichtshofs zum Privatversicherungsrecht. (JZ, 1957, H.8/9, S.247-250)

Seibt:Haftung des Bauherrn beim Bau mit öffentlichen Mitteln.(ZMR, 1957, H.5, S.146-147)

Stettner,H.: Private Aufsichtspflicht und Schädigung Dritter durch Kinder und Jugendliche.(RdJ,1957, H.9, S.129-132) 7

Weimar: Der Mietvertrag der beschränkt geschäftsfähigen Personen. (ZMR, 1957, H.5, S.145-146)

Weimar,W.: Entwurf eines Mieterschutzgesetzes 1956.(JR,1956, H.9, S.334-335)

Werner,A.: Zur Frage der Ersatzpflicht für Schädigung in der Ausübung freier Berufe. (NJW,1957, H.17, S.618-619)

Zeitlmann, R.: Sind Optionsabreden zwischen Verlegern und Autoren bindend? (ZV u.ZV, 1957,H.9, S.286-287)

Zunft: Die Übertragung der Eigentumsanwartschaft gemäß § 930 BGB. (NJW, 1957,H.12, S.445-448)

11.Urheber-und Erfinderrecht

Abel,P.: >> Der Urheber << in dem britischen Copyright Act, 1956. (UFITA, 1957,Bd.23, H.3/4, S.129-134)

Beier,F.K.: Benutzung und Benutzungszwang im französischen und belgischen Markenrecht. (GRUR Ausl.,1957, H.3, S.105-115)

Beringe, von: Lizenzverträge mit dem Ausland. (B, 1957,H.18(Beil.)
18

Bunke, M.: Gebrauchsmusterschutz oder kleines Patent.(GRUR,1957,H.3, S.110-118)

Bussmann, K.: Gegenwartsfragen des Urheberrechts. (GRUR Ausl.,1957, H.2, S.53-57)

Deichsel,S.: Irrige Beurteilung erfinderrechtlicher Fragen.(ArbuR, 1957, H.4, S.117-118) 16

Desbois,H.: Le Projet de loi francais. (GRUR Ausl.,1957, H.2, S.57-65)

Frieberger,K.: Filmurheber und Filmhersteller. (UFITA, 1957,Bd.23, H.3/4, S.149-156)

Goldbaum,W.: Die urheberrechtlichen Befugnisse des Übersetzers ex lege. (UFITA, 1957,Bd.23, H.3/4, S.141-149)

Haertel,K.;A.Krieger: Die Rückgliederung des Saarlandes auf den Gebieten des gewerblichen Rechtsschutzes, des Wettbewerbsrechts und des Urheberrechts. (GRUR, 1957, H.3, S.98-110)

Hepp,F.: L'esprit du nouveau projet de loi francais sur la Propriété Littéraire et Artistique. (UFITA, 1957, H.3/4, S.134-140)

Herbst, R.: Die Bewertung der Vorpatente gemäß § 4 Abs.2 PatG im Patenterteilungs- und Nichtigkeitsverfahren. (GRUR, 1957,H.4, S.149-161)

Kirchhoff,H.: Der zweite Regierungsentwurf eines Gesetzes über die Erfindungen von Arbeitnehmern und Beamten. (JR, 1956, H.6, S.206-210)
5,16

Ladas,P.: Entwurf eines Muster-Warenzeichengesetzes. (GRUR Ausl., 1957, H.3, S.116-120)

Liedl,G.: Der Schutzbereich von Gebrauchsmustern. (GRUR, 1957,H.3, S.118-120)

Ljungman,S.: Wichtige Fragen aus dem neuen schwedischen Entwurf eines Urheberrechtsgesetzes. (GRUR Ausl.,1957,H.2, S.65-70)

Lund,T.: Die aktuelle urheberrechtliche Lage in Dänemark.(GRUR Ausl., 1957, H.2, S.70-76)

Neumann-Duesberg: Urheberrechtsschutz der auf Betriebsfeiern aufgeführten Musik. (JR, 1956, H.4, S.127-129) 16

Neumüller, H.O.: Ist eine Anmeldung gegenüber einem älteren Recht auf Erfindungshöhe und Fortschritt zu prüfen? (GRUR, 1957,H.4,S.169-176)

Pakuscher,E.K.: Film gegen Fernsehen, ein zeitgenössisches Problem des amerikanischen Urheberrechts. (JR, 1957,H.3, S.88-92)

Reimer,E.: Die Identitätsprüfung aus § 4 Abs.2 PatG. (GRUR,1957,H.4, S.189-194)

Richter,B.: Kann eine Nachforschungsstelle (Recherchenzentrum) für die in sämtlichen Staaten der Welt eingetragenen oder hinterlegten Fabrik-und Handelsmarken geschaffen werden? (GRUR Ausl.,1957,H.4, S.159-167)

Schönherr,F.: Das österreichische Urheberrechtsgesetz und seine Weiterentwicklung in der Rechtsprechung.(GRUR Ausl., 1957, H.2, S.76-81)

Spengler, A.: Erfolgshaftung oder Verschuldenshaftung? Wandel der Schadensersatzvoraussetzungen im gewerblichen Rechtsschutz.(WuW,1957, H.4, S.205-220) 10

Trüstedt,W.: Das Verbot doppelter Patentierung. (GRUR,1957, H.4, S.176-189)

Völp,F.: Anfechtung patentamtlicher Entscheidungen bei den Verwaltungsgerichten. (BB,1957, H.9, S.313-316) 5

Wanckel,H.: Das ältere Recht. (Betr.: Identitätsprüfung nach § 4 Abs.2 u.13 Abs.1 Ziff.2 PatG). (GRUR,1957, H.4, S.162-169)

Wilde,W.: Umfaßt die Verfilmungslizenz auch das Recht der Wiederverfilmung? (UFITA, 1957,Bd.23, H.3/4, S.157-160)

12.Handelsrecht,Wertpapierrecht,Kartell-und Wettbewerbsrecht

Alexander-Katz,G.: Der Nachbau von Maschinen und Apparaten in wettbewerbsrechtlicher Hinsicht (unter Berücksichtigung des internationalen Rechtes). (BB,1957, H.9, S.301-306)

Auerswald, H.W.: Das Patentmonopol und der Kartellgesetzentwurf. (WuW,1957, H.4, S.220-230)

Bärmann,J.: Supranationale Aktiengesellschaften.(NJW, 1957,H.17, S.613-616) 3

Beuck,W.: Die Auswirkung der Rechtsprechung vom "Fortbestand der Rechtspersönlichkeit ostenteigneter Gesellschaften außerhalb des Handelsregisters" auf den Rechtszustand solcher Unternehmungen bis zur Wiedereintragung. (B, 1957, H.16,(Beil.) 6,18

Consbruch,J.: Investmentsparen gesetzlich geschützt. (BB, 1957, H.10, S.337-341)

Demelius, H.: Zum österreichischen Aktiengesetzentwurf 1955.(ZHK, 1957,Bd.120, H.1/2, S.42-50)

Döllerer,G.: Kapitalerhöhung aus Gesellschaftsmitteln.(B,1957,H.16, S.373-374; H.17, S.397-400)

Froehlich,W.: Custodian und Geschäftsleitung. (JR, 1956, H.3, S.81-83) 5,10

Gallois,H.: Handelsbräuche, Gewohnheitsrecht und allgemeine Geschäftsbedingungen im Rechtsleben. (JR, 1956, H.2, S.45-48)

Heim,W.: Zur Rechtsnatur des Luftfrachtvertrages. (JR, 1956,H.9, S.335-337) 3

Hoffmann: Einigungsstellen von Wettbewerbsstreitigkeiten. (Zum Entwurf eines Gesetzes über Einigungsstellen in Wettbewerbsstreitigkeiten). (WuW, 1957, H.4, S.230-232)

Jacob-Steinorth, K.: Die Behandlung von Preisvereinbarungen durch die amerikanische Rechtsprechung. (WRP, 1957, H.4, S.102-104)

Kluge, K.: Grundsätze der Verfrachterhaftung nach französischem Recht im Geltungsbereich des französischen Ausführungsgesetzes zu den Haager Regeln (Gesetz v.2.Apr.1936). (ZHK, 1957, Bd.120, H.1/2, S.24-42)

Nelki, L.: Wettbewerbsbeschränkungen in der Absatzwirtschaft. (Gew.Mon. H., 1957, H.4, S.223-228)

Neumann, E.: Zum Recht der Orderschuldverschreibungen. (BB, 1957, H.13, S.445-447)

Pabst: Firmenrecht und Gleichberechtigung. (BB, 1957, H.13, S.455-456) 14

Reinicke, G.u.D. Zur Kollision von Gesellschaftsrecht und Erbrecht. (NJW, 1957, H.15/16, S.561-564) 10

Rotondi, M.: Das "Avviamento" in der allgemeinen Theorie vom Unternehmen. (ZHK, 1957, Bd.120, H.1/2, S.1-24)

Schilling, W.: Die Kapitalerhöhung aus Gesellschaftsmitteln nach Gesellschafts- und Steuerrecht. (BB, 1957, H.11, S.373-378) 6

Schönherr, F.: Wettbewerbs- und Markenrecht in Österreich. (WRP, 1957, H.4, S.105-108) 11

Die Veröffentlichung von Anzeigen nicht ortsansässiger Firmen. (ZV u.ZV, 1957, H.9, S.288-289)

Walther, C.A.: Unter welchen Voraussetzungen ist die Drohung eines Unternehmens mit dem Abbruch der Geschäftsverbindung rechtswidrig? (WRP, 1957, H.4, S.97-101) 10

13. Landwirtschaftsrecht

Bonse, E.: Der überlebende Ehegatte als Hoferbe (§ 6 Abs.3 HöfO.) (RdL, 1957, H.3, S.61-76) 10

Cohn, E.: Muß der Ausländer im Verfahren vor dem Landwirtschaftsgericht Sicherheit für die Prozeßkosten leisten? (MDR, 1957, H.4, S.210-211)

Helbing: Zur Frage des Rechtscharakters des Flurbereinigungsverfahrens, insbesondere des Flurbereinigungsbeschlusses und der Ausführungsanordnungen. (RdL, 1957, H.3, S.57-61)

14. Familienrecht

Bettermann, K.A.: Wer kann die Anerkennung einer freien Ehe rassisch oder politisch Verfolgter verwaltungsgerichtlich anfechten? (Ein Beitrag zur Frage der Anfechtung familienrechtlicher Entscheidungen der Justizverwaltung). (FamRZ, 1957, H.5, S.151-154) 5

Ferid,M.: Zwei Gesichtspunkte zur "erbrechtlichen Lösung" des Zugewinnausgleiches bei Auflösung der Ehe durch den Tod eines Ehegatten. (FamRZ, 1957, H.3, S.70-73) 1B

Guggumos,M.: Das rechtliche Wesen der anerkannten freien Ehe. (NJW, 1957, H.14, S.530-531) 5

Habscheid,W.J.: Zur Problematik der "gesetzlichen Vertretung".(FamRZ, 1957, H.4, S.109-113)

Küster, O.: Zur systematischen Einordnung der freien Ehen Verfolgter. (JZ, 1957, H.8/9, S.244-246) 5

Marloh,F.: Zur "noch tieferen Zerrüttung" im Ehescheidungsrecht. (FamRZ, 1957, H.4, S.108-109)

May,A.;W.I.Habscheid: Der Anspruch des unehelichen Kindes auf Waisenrente bei Mehrverkehr seiner Mutter. (FamRZ, 1957, H.4, S.113-116)

Otten, H.: Die Unterhaltspflicht gleichberechtigter Ehegatten im geltenden Recht(insbesondere im Hinblick auf § 205 RVO). (FamRZ,1957, H.3, S.73-76)

Schwarzhaupt,E.: Änderungen im Verwandtschaftsrecht: Unterhaltspflicht-Rechtliche Stellung der ehelichen Kinder - Adoption.(FamRZ,1957,H.3, S.65-69)

Schwoerer,J.: Grundlegender Wandel im französischen Unehelichenrecht? (FamRZ, 1957, H.5, S.145-147)

Stein, J.: Änderungsvorschlag zu § 48 EheG.(Zur Reform des Ehescheidungsrechts). (FamRZ, 1957,H.4, S.107-108)

15.Zivilprozeß und Freiwillige Gerichtsbarkeit

Baumgart:Geschäftswert für Bietegenehmigungen.(SchlHA, 1957,H.4, S.93-95)

Brumby,G.: Sekundarität des Urteils. (JR, 1956,H.6, S.212-213)

Dalibor,K.: Zur Gebührenfrage bei nicht streitiger Verhandlung im Offenbarungseidverfahren. (JR, 1957,H.3, S.98-99)

Dohse,E.: Vertragshilfe für Zinsen von Ruinenhypotheken. Verfahrens- und materiellrechtliche Probleme. (JR, 1956,H.4, S.129-131) 10

Donau,H.: Die nicht-erledigte Hauptsache.(Zur Rechtsnatur der Erledigungserklärung). (JR, 1956,H.5, S.169-171)

Fischer,H.: Ist im Abänderungsprozeß nach § 323 ZPO eine erneute Beweisaufnahme über die Vaterschaft zulässig? (Zbl.JugR, 1957,H.4/5, S.101-108)

Jessen,U.: Zur Anfechtung des Prozeßvergleichs. (JR,1956, H.1, S.8-10)

Klauss,H.: Das Teilzahlungsgeschäft im Konkursverfahren.(TW, 1957,H.2, S.56-59) 10

Klauss,H.: Die Zwangsvollstreckung in die Abzahlungssache.(TW, 1957, H.3, S.84-88)

Lichtenstein, E.: Fälle der Unzulässigkeit der Schiedseinrede nach deutschem Recht. (NJW,1957, H.15/16, S.570-572)

Lüke, G.: Die Rechtsnatur des Pfändungspfandrechts. (JZ,1957,H.8/9, S.239-243) 10

Nagel,H.: Setzt § 917 Abs.2 ZPO Vermögen des Arrestschuldners im Inlande voraus? (NJW, 1957,H.14, S.531-532)

Neumann-Duesberg,H.: Presserechtliche Entgegnung und einstweilige Verfügung. (JR, 1956,H.8, S.288-290)

Schnitzerling, M.: Die Stellung des Minderjährigen und Entmündigten im Bundesfreiheitsentziehungsgesetz. (Zbl.JugR, 1957,H.3,S.66-70) 5

Siegert,K.: Die außergerichtlichen Tonbandaufnahmen und ihre Verwertung im Zivilprozeß. (NJW, 1957, H.19, S.689-691)

Simon, J.: Persönliche Haftung des Konkursverwalters für die dem Gegner zu erstattenden Prozeßkosten? (MDR, 1957,H.4, S.203-205) 10

Tschischgale,M.: Kostenentscheidung und Gebührenberechnung im Beschwerdeverfahren der ZPO. (DRiZ, 1957, H.4, S.83-85)

Wilckens, U.: Grenzen der Klageänderung durch Parteiwechsel.(MDR,1957, H.4, S.207-208)

Kleine Zivilprozeßreform.Von Grethlein u.a. (DRiZ,1957, H.4, S.73-75)

Zöllner,W.: Der Aufbau des Urteilstatbestands in Ehesachen. (DRiZ, 1957, H.4, S.85-87)

16.Arbeitsrecht und Arbeitsgerichtliches Verfahren

Auffarth,F.: Der Begriff des leitenden Angestellten nach der Rentenreform. (BB, 1957,H.10, S.370-371) 17

Auffarth,F.: Die Zulässigkeit der Revision nach der Rechtsprechung des Bundesarbeitsgerichts. (NJW, 1957,H.13, S.484-488)

Bulla: Der Hausarbeitstag der alleinstehenden Arbeitnehmerin.(B,1957, H.14, S.332-334)

Bünger,L.: Personalvertretungsgesetz für das Land Niedersachsen (Regierungsentwurf). (DÖV,1957, H.8, S.225-229) 5

Fechner,E.;H.Maier: Arbeitsgerichtsbarkeit für Arbeitnehmer der alliierten Streitkräfte. (RdA, 1957, H.4, S.121-123)

Foerster: Arbeitsrechtliche Vorschriften bei Wehrdienst.(B,1957,H.17, S.405-406) 4

Franke, R.: Grundsätzliche Bemerkungen über die Zulässigkeit einer konstitutiven Eingruppierung durch den Arbeitgeber.(RdA,1956, H.4, S.132-138)

Frey,E.: Die vorsätzliche,rechtswidrige, schuldhafte Nichtanhörung des Betriebsrates. (ArbuR, 1957, H.3, S.70-76)

Frohn, P.: Das Mitbestimmungsrecht des Betriebsrats bei der Verwaltung von Werkswohnungen. (RdA, 1957,H.3, S.92-95) 10

Gleitende Arbeitswoche und Sonntagsarbeit. (AG, 1957,H.6, S.184-186)

Gumpert,J.: Der lohnzahlungspflichtige Feiertag. Stand vom 15.3.1957. (BB,1957, H.8 (Beil.), S.1-7)

Heimann, E.: Anwendung der Grundsätze über den Wegfall der Geschäftsgrundlage auf Pensionsverträge nach Inkrafttreten der Rentenreform. (RdA, 1957,H.4, S.123-125) 17

Heißmann, E.: Betriebliche Altersversorgung für Handelsvertreter und Angehörige freier Berufe. (AG,1957, H.7, S.234-236) 6

Hermelink,M.U.: Vergleich der Reallöhne in der Montanunion. (AG,1957, H.8, S.284-287) 2

Hoffmann,E.: Bezahlung von Jugendlichen zwischen Lehrzeitende und Spätprüfung. (BB, 1957,H.9, S.334-335)

Hohn: Quittung und Ausgleichsquittung anläßlich der Beendigung des Arbeitsverhältnisses. (BB, 1957,H.13, S.477-479)

Höpp,G.: Mitbestimmung und Unternehmenserfolg. (Gew.Mon.H.,1957,H.3, S.162-167) 12

Jaenecke,O.: Einschränkung des Hausrechts des Arbeitgebers durch arbeitsrechtliche Normen. (B,1957, H.16, S.380-382)

Jaerisch: Aus der neueren Rechtsprechung des Bundesarbeitsgerichts. (JR, 1956,H.2, S.49-54; H.5,S.171-176; H.9, S.328-334)

Jungbluth, A.: Die Wissenschaften von der Arbeit. (Gew.Mon.H.,1957, H.5, S.301-307) 2

Kistner, H.: Partnerschaft statt Arbeitskampf. (Politische Studien, 1957, H.84, S.16-26)

Kogon,E.: Die Jugend in der modernen Arbeitswelt. (Gew.Mon.H.,1957, H.5, S.266-273)

Freiheit und Bindung im kollektiven Arbeitsrecht. (AG,1957, H.7, S. 214-216)

Krause,E.: Neue Perspektiven der Berufsausbildung. (AG,1957,H.8,S.278-282)

Um die Lohnfortzahlung bei Krankheit. (AG, 1957,H.7, S.242-244) 17

Meissinger,H.: Streikende Arbeitnehmervertreter im Aufsichtsrat.(B,1957, H.11, S.259-261) 12

Moeller,W.: Die Arbeitszeit - vom Mittelalter bis zum Bremer Abkommen. (ASP, 1957, H.4, S.114-116) 2

Müller,G.: Das Einzelarbeitsverhältnis und die Aufgaben der Mitbestimmung. (BB, 1957, H.12, S.409-412) 12

Natzel,B.: Regelung von Streitigkeiten aus dem Mitbestimmungsergänzungsgesetz. (B, 1957, H.19, S.456-457) 12

Prasse,H.: Die Bedeutung der Vorstrafe im Arbeitsrecht. (ArbuR, 1957, H.3, S.76-81) 7

Radke,O.: Erhöhung der Tariflöhne und ihre Wirkung auf Akkorde. (RdA, 1957, H.4, S.125-132)

Reuß,W.: Die Arbeitsgerichtsbarkeit und der Entwurf eines Richtergesetzes. (ArbuR, 1957, H.3, S.65-70) 9

Riess,A.: Sozialreformen in Frankreich. (Gew.Mon.H.,1957,H.5,S.312-314) 17

Savaète, E.: Sittenwidriges Verhalten im Zusammenhang mit Arbeitsverhältnissen. (ArbuR, 1957, H.4,S.97-105)

Schelp,G.: Arbeitsrechtliche Fragen bei der Einberufung zum Wehrdienst. (BB,1957, H.11, S.404-407) 4

Abkommen zur Beendigung des Schleswig-Holsteinischen Metallarbeiterstreiks. (RdA, 1957, H.3, S.96-97)

Schregle,J.: Ausländische Arbeitsgesetzgebung. (RdA, 1957,H.3,S.109-110; H.4, S.148-149)

Schweer,D.: Rechtsbeziehungen zwischen einer Tarifvertragspartei und den Mitgliedern der gegnerischen Tarifvertragspartei. (ArbuR, 1957, H.4, S.109-111)

Simons: Die Rechtsprechung des Bundesarbeitsgerichts.(DRiZ,1957,H.5, S.98-101)

Spiegelhalter,F.: Aus der Praxis der Erfolgsbeteiligung.(AG,1957,H.9, S.311-314) 10

Steinjan,W.: Die gleitende Arbeitswoche.(Gew.Mon.H.,1957, H.4,S.219-222)

Tolksdorf: Vollurlaub und Teilurlaub nach dem nordrhein-westfälischen Urlaubsgesetz. (B, 1957,H.13, S.309)

Trieschmann,G.: Gesamtarbeitsstreitigkeiten und Arbeitskampfrecht in den USA. (ArbuR, 1957, H.3, S.81-86)

Trieschmann,G.: Schlichtung von Kollektivarbeitsstreitigkeiten in den USA. (RdA, 1957, H.3, S.86-92)

Walter, B.: Urlaub und Fünf-Tage-Woche. (BB,1957, H.12, S.442-443)

Wiese,G.: Die Verfassungswidrigkeit der nachkonstitutionellen Urlaubsgesetze der Länder. (RdA, 1957, H.3, S.81-86) 4

Wiggert,W.: Das Arbeitsplatzschutzgesetz und seine Bedeutung für den Arbeitnehmer. (ArbuR, 1957, H.4, S.105-108) 4

17.Sozialrecht,Sozialgerichtsbarkeit und Verfahren

Beck,M.: Die neue Rentenberechnung. (Soz.Sicherh.,1957, H.3,S.75-78)

Benner,W.: Lehrlinge, Anlernlinge, Umschüler, Praktikanten und Schüler in der Arbeitslosenversicherung.(BB,1957, H.9,S.333-334)

Bogs, W.: Neue rechtliche Gestaltungen in den Rentenversicherungsgesetzen. (SGb, 1957, H.3, S.65-69)

Bornheim,H.: Befreiung von der Versicherungspflicht zur Angestelltenversicherung, soweit Angestellte durch Erhöhung der Jahresarbeitsverdienstgrenze auf 15000 DM jährlich versicherungspflichtig werden. (ZSR, 1957,H.2/3 (Beil.), S.14-16; H.4,(Beil.), S.19-20)

Dersch: Zum Entwurf eines Gesetzes zur Neuregelung des Rechts der gesetzlichen Unfallversicherung. (RdA, 1957, H.4, S.142-143)

Doublet, J.: Zehn Jahre soziale Sicherheit in Frankreich. (ZSR, 1957, H.4, S.124-125)

Ehlers, H.: Zur Verfassungswidrigkeit des Kindergeld-Gesetzes.(B,1957, H.13, S.308) 4

Gassert,G.: Propagandisten des Zwanges.(Zur Sozialversicherungspflicht). (ASP, 1957, H.5, S.133-136)

Glücklich,H.W.: Gemeinsamkeitem und Unterschiede zwischen Schöffen und Sozialrichtern. (SGb, 1957, H.4 (Beil.), S.13-16) 9

Goens: Die sachliche Zuständigkeit in der Sozialgerichtsbarkeit. (SGb,1957, H.3, S.70-72) 9

Gölkel,E.: Neuregelung der Entschädigung für Sozialrichter in Vorbereitung. (Soz.Sicherh.,1957, H.4, S.125-127)

Hensen,H.: Zur Finanzierung der neuen Renten. (Soz.Sicherh.,1957, H.4, S.101-104)

Hilger,M.L.: Rentenreform und betriebliche Ruhegeldzusagen.(Ruhegeldzusagen ohne Vorbehalt). (BB,1957, H.8, S.296-299) 16

Kälker,G.: Die Befugnisse der Sozialgerichte bei Beanstandung der Wirtschaftlichkeit der ärztlichen Behandlung (§ 368 nRVO, § 15 Ersatzkassenvertrag). (SGb, 1957, H.4, S.98-101)

Kleinheyer, G.: Bemerkungen zu einer Neufassung des § 8 des Kindergeldgesetzes. (FamRZ, 1957, H.3, S.76-79). 14

Kolter, W.: Voraussetzungen für Berufs- und Erwerbsunfähigkeitsrenten. (Soz.Sicherh.,1957, H.3, S.70-72)

Die Schlußregelung des Lastenausgleichs. (AG, 1957, H.9, S.310-311) 6

Leonhardt,L.: Ist die Forderung nach dem >> ursächlichen Zusammenhang << noch haltbar? (Betr.: Rentenberechtigung). (SGb, 1957, H.4, S.103-105)

Lücking, K.: Das AVAVG und der jugendliche Arbeiter. (Soz.Sicherh., 1957, H.4, S.111-113)

Ludwig, K.: Die Berücksichtigung beitragsloser Zeiten bei der Rentenfeststellung. (ASP, 1957, H.5, S.145-147)

Metz: Sozialpolitische Probleme im Zusammenhang mit der Eingliederung des Saarlandes in die Bundesrepublik. (ZSR, 1957, H.4, S.116-119)

Meyer,K.: Das Kindergeld im Lichte von Rechtsprechung und Schrifttum. (FamRZ, 1957, H.3, S.76-79) 14

Munzinger,A.: Das Altersruhegeld nach den Rentenreformgesetzen. (Soz.Sicherh.,1957, H.3, S.72-75)

Nell-Breuning, von: Zur Diskussion um die Rentenreform - eine Rückschau. (ZSR, 1957, H.2/3, S.34-36)

Odendahl,W.: Neuregelung der Arbeitslosenversicherung. (B,1957,H.12, S.283-285)

Porsch,A.: Die Herausgabepflicht von Krankenpapieren und die Auskunftspflicht des Arztes im Sozialgerichtsverfahren.(JR, 1956, H.12, S.453-456)

Die Rentenreform.(Betr.: Schweden). (AG, 1957, H.6, S.203-204)

Die neuen Gesetze zur Rentenversicherung.(RdA,1957, H.3, S.98-100)

Wichtige Fristen nach den neuen Rentenversicherungsgesetzen. (Soz.Sicherh., 1957, H.3, S.86-87)

Riese: Allgemeine Kammern und allgemeine Senate in der Sozialgerichtsbarkeit? (SGb, 1957, H.4, S.97-98)

Rohwer-Kahlmann: Die neuen Rentengesetze und der soziale Rechtsstaat. (ZSR, 1957, H.4, S.114-116) 4

Rohwer-Kahlmann: Das Wahlrecht des Angestellten für seine Altersversicherung (Art.2 § 1 AnVNG.). (ZSR, 1957, H.4 (Beil.), S.17-19)

Sabel, B.: Der Gesamtsozialversicherungsbeitrag nach der Neuordnung des Renten- und Arbeitslosenversicherungsrechts. (Soz.Sicherh.,1957, H.4, S.105-107)

Sabel, B.: Die Krankenversicherung der Arbeitslosen. Auswirkungen der Novelle zum AVAVG. (Soz.Sicherh.,1957, H.3, S.85-86)

Scharmann,T.: Die Berufsförderung und die soziale Betreuung nach den Rentenreformgesetzen. (Soz.Sicherh.,1957, H.4, S.98-101)

Schewe,D.: Die Neuordnung der Handwerkerversorgung. (ZSR, 1957,H.2/3, S.39-40; H.4, S.121-122)

Schreiber, W.: Kriegsopferversorgung und Rentenreform und die 6.Novelle zum Bundesversorgungsgesetz. (ASP,1957, H.4, S.116-120)

Schwankhart,F.: Die Ausdehnung der Rechtshängigkeit nach § 96 SGG. (SGb, 1957, H.4, S.101-103)

Seiler: Die neuen Rentengesetze und die Versicherungsbehörden. (ZSR, 1957, H.2/3 (Beil.), S.10-14)

Sievers, E.R.: Kindergeldgesetzgebung und Grundgesetz.(NJW, 1957,H.12, S.441-445) 4

Stolt,E.: Die Heilbehandlung nach den Neuregelungsgesetzen.(Soz. Sicherh.,1957, H.3, S.66-69)

Die Versicherungspflichtgrenze in der Krankenversicherung.(ASP,1957, H.5, S.136-137)

Vesper,H.: Wann ist eine Befreiung von der Angestellten -Versicherungspflicht zweckmäßig? (B, 1957, H.19, S.458-459)

Völz, H.: Das Wiederaufnahmeverfahren in der Kriegsopferversorgung nach § 42 des neuen Verfahrensgesetzes. (ASP, 1957,H.5, S.150-153)

Wagnitz,L.: Die praktischen Auswirkungen der Neuordnung der Rentenversicherung. (ASP, 1957, H.5, S.137-141)

Wickenhagen, E.: Bemerkungen zum neuen Regierungsentwurf eines Unfallversicherungsgesetzes. (Soz.Sicherh.,1957, H.4, S.107-110)

Wudtke,G.: Die Entschädigung der Sozialrichter, Landes- und Bundessozialrichter. (SGb, 1957, H.3 (Beil.), S.9-12) 9

Zeihe,P.A.: Der Leistungsbegriff im Sozialgerichtsgesetz (SGG). (SGb, 1957, H.3, S.74-75; H.4, S.106-107)

Zewe,H.: Hinterbliebenenrenten nach den Rentenreformgesetzen. (Soz.Sicherh.,1957, H.3, S.78-82)

18.Internationales Privatrecht

Godenhielm, B.: Fragen des internationalen Privatrechts auf dem Gebiete des Patentrechts. (GRUR Ausl.,1957, H.4, S.149-159) 11

Müller-Freienfels,W.: Zur kollisionsrechtlichen Behandlung der Abstammungsklage. (FamRZ,1957, H.5, S.147-151) 14

19.Juristische Ausbildungs- und Prüfungsfragen

Ganser,K.: Der gehobene Dienst in der Kommunalverwaltung und seine schulische Voraussetzung. (Öff.D., 1957, H.3, S.47-50)

Münn,L.: Die Ausbildung der Referendare in den Strafrechtsarbeitsgemeinschaften. (JR, 1956, H.3, S.94-97)

Zweigert,K.: Ziele und Stoff der juristischen Ausbildung.(RabelsZ, 1957, H.1, S.1-15)

20.Sonstiges

Nehlert,G.: Die 6.Tagung der Legal Profession in Oslo.(JR, 1956,H.10, S.372-373)

Rheinstein,M.: Gedächtnisrede für Geheimrat Professor Dr.Ernst Rabel. (JR, 1956, H.4, S.135-138)

C. 12.(22.) V E R Z E I C H N I S D E R N E U E R W E R - B U N G E N D E R B I B L I O T H E K D E S D E U T - S C H E N I N S T I T U T S F Ü R R E C H T S W I S S E N - S C H A F T [1)]

1. ALLGEMEINES

1. Allgemeine und bibliographische Nachschlagewerke, Wörterbücher, Buch- und Bibliothekswesen

Brückmann, K.; H.M.Pleßke; G.Zech: Literatur für den Gewerkschaftsfunktionär. Eine empfehlende Bibliographie. Berlin 1957. 146 S. 23 S.
I Ea 17990

Handbook on the international exchange of publications. Manuel des échanges internationaux de publications. Manual del canje internacional de publicaciones. 2 nd ed. and rev.by G.von Busse. Paris 1956.
V Ea 17907

Verzeichnis der Gemeinden und Ortsteile der DDR. Stand 1.Jan.1956. Bearb.in der Staatl.Zentralverwaltung f.Statistik. Berlin 1956.
I Eb 410

Yearbook of International Organizations. Publ by the Union of International Associations. 1954/55.- Brüssel 1954. 1196 S. Pa 106

Irmen, F.: Langenscheidts Taschenwörterbuch der portugiesischen und deutschen Sprache. 2.Aufl. T.1.2. Berlin 1955. getr.Pag. II Ea 17897

Deutscher Justizkalender 1957. Bearb.von H.U.Meyer; F.Steinkamp u. F.Lüke. München, Regensburg 1957. 312 S. II Ea 17264

Kunz, A.: Tschechisches Taschenwörterbuch. Neu bearb.v.P.Vása. T.1.2. Berlin 1956. 289, 380 S. II Ea 18061

Literaturführer für Juristen. Hrsg.: Buchh.G.Blendl, München. 8.Aufl. München 1956. 155 S. II Ea 18016

National Library India. Catalogue of periodicals, news papers and gazettes. Calcutta 1956. 285 S. V Ea 16050

National Library India. Author catalogue of printed books in European languages. Vol. 6. N-P. Calcutta 1954. S.2586-3115 V Ea 16051

1) Die hier angezeigte Literatur ist gemäß der Benutzungsordnung der Bibliothek des Deutschen Instituts für Rechtswissenschaft, für die Mitglieder des Deutschen Instituts für Rechtswissenschaft, Ministerien und zentrale Institutionen der Deutschen Demokratischen Republik und nach der Leihverkehrsordnung der Bibliotheken ausleihfähig.-Verzeichnis 1-10 ist enthalten im Mitteilungsblatt des Deutschen Instituts für Rechtswissenschaft 1953, Nr 1 - 1955, Nr 3.

Schoen,Th.;T.Noelli: Langenscheidts Taschenwörterbuch der spanischen und deutschen Sprache. Neubearb. 1955 v.C.Witthaus.4.Aufl. T.1.2. Berlin 1957. getr. Pag. II Ea 17887

Seiffhart,A.: Englisches Taschenwörterbuch. Neue,erw.Aufl. 11.Aufl. T.1.2. Berlin 1956. T.1: 396 S. T.2: S.400-804. II Ea 17851

Wörterbuch der Sozialpolitik zur Erl.sozialrechtl.Begriffe. Hrsg.: W.Bökenkrüger u.H.Stempell. Köln 1954. Loseblattausg. II Ea 17637

Zentralbibliothek der Regierung der Deutschen Demokratischen Republik. Bestandsverzeichnisse. 4.Staats-u.Rechtswissenschaft < Bücher u.Zss.aus westdt.,österr.u.schweiz.Verl >. Berlin 1956. 73 S. I Ea 15837

Állam- és jogtudományj intézet. (Staats- und verwaltungsrechtliche Bibliographie 1954-1955, ungar.:) Állam- és jogtudományj bibliografia 1954-1955. Budapest 1956. 163 S. IV Ea 16035

Die UdSSR in Zahlen. Statistisches Sammelwerk. Hrsg.: Statist.Zentralverwaltg beim Ministerrat der UdSSR (Aus d.Russ.übers.) Berlin 1956. 269 S. I Ea 17235

Völkerrecht und ausländisches öffentliches Recht. 10 Jahre Forschungsstelle f.Völkerrecht u.ausländ. öffentl.Recht < 1946-1956 >. Hamburg 1956. 88 S. II Ea 16287

Who's who in Germany. A biographical Dictionary.... Ed.by H.G.Kliemann and S.S. Taylor. München 1956. 1310, 114 S. Pa 312

Zeitungen,Zeitschriften,Schriftenreihen aus den Verlagen der Deutschen Demokratischen Republik. 1957. Leipzig 1957. 83 S.I Ea 16238

2.Biographien

Kuczynski,R.: René Kuczynski. Ein fortschrittlicher Wissenschaftler in d.1. Hälfte d.20.Jahrhunderts. Berlin 1957. 169 S. I Ea 17902

Julien Offray de Lamettrie, Gottfried Wilhelm Leibniz, Leukipp, John Locke, Lukrez. (Aus d.Russ.übers.) Berlin 1957. 35 S. I Ea 17987

(Erinnerungen an Wladimir Iljitsch Lenin, russ.:) Vocpominanija o Vladimire Il'iče Lenine. Bd 1. Moskau 1956. 559 S. III Eb 773

Österreichisches Biographisches Lexikon 1815-1950. Hrsg.: Oesterreichische Akademie der Wissenschaften. Graz,Köln 1954. Lfg 1-4. V Ea 18059

3.Philosophie

Beus, J.G. de: Die Zukunft des Abendlandes. (Aus d.Engl.übers.) Frankfurt/M. 1956. 174 S. II Ea 17606

(Die Kategorien des dialektischen Materialismus, russ.:) Kategorii materialističeskoj dialektiki. Pod red. M.M.Rozental' u.G.M.Štraksa. Moskau 1956. 389 S. III Ea 17511

Feuerbach,L.: Das Wesen des Christentums. Ausg.in 2 Bdn.Hrsg.: W.Schuffenhauer. Bd 1.2. Berlin 1956. Bd 1: 287 S. Bd 2: S.291-739 I Ea 17836

Fichte,J.G.: Zurückforderung der Denkfreiheit von den Fürsten Europens, die sie bisher unterdrückten. Neu hrsg.u.mit e.Einl.vers.von D.Bergner. Leipzig 1957. 59 S. I Ea 17934

(Werke von Antonio Gramsci, Bd 1-7, ital.:) Opere di Antonio Gramsci. T.1-7. Turin 1954. 7 Bde V Ea 15659

Kant, I.: Kritik der Urteilskraft. Text d.Ausg.1790, (A) mit Beifügg sämtl.Abweichgn d.Ausg.1793 (B) u.1799 (C). Leipzig 1956. 476 S. I Ea 17899

Kant,I.: Kritik der reinen Vernunft. Ehemal.Kehrbachsche Ausg. Mit ausführl.Sachreg.v.Th. Valentiner. Leipzig 1956. 998 S. I Ea 17937

Mähler,R.: Die objektive Gesetzmäßigkeit der Entwicklung und ihr Wirken unter den konkret historischen Bedingungen. Berlin 1956. 38 S. I Ea 17838

Man,H.de: Vermassung und Kulturverfall. Eine Diagnose unserer Zeit. 2.Aufl. Bern 1952. 191 S. V Ea 18108

Marck,S.: Vernunft und Sozialismus. Der Kampf um d.Vernunftbegriff im 20.Jh. Berlin, Hannover 1956. 31 S. II Ea 17808

(Philosophie,russ.:) Filosofija. Leningrad 1956. 226 S. III Ea 17547

Sodhi,K.S.: Urteilsbildung im sozialen Kraftfeld. Experimentelle Untersuchgn zur Grundlegg d.Sozialpsychologie. Göttingen 1953. 163 S. II Ea 17804

4.Wirtschaftswissenschaft

Benary,A.: Aktuelle Probleme der Agrartheorie des Marxismus-Leninismus. Berlin 1955. 169 S. I Ea 17786

Bregel, E.R.: (Die Anhäufung des Kapitals und die Verelendung des Proletariats, russ.:) Nakoplenie kapitala i obniščanie proletariata. Moskau 1956. 183 S. III Ea 14595

Fedorov, V.P.: (Die Anhäufung des Kapitals und die Verarmung des Proletariats, russ.:) Nakoplenie kapitala i obniščanie proletariata. Moskau 1956. 51 S. III Ea 14966

Heissenberger, F.: The economic Reconstruction of Austria 1945-1952. A report on postwar developments. Washington 1953. 153 S. V Ea 15999

Hinkel, K.: Spannungsfelder im gesellschaftlichen und weltwirtschaftlichen Gefüge des 20.Jahrhunderts. Hannover 1956. 56 S. II Ea 17805

Der Weg zum industriellen Spitzenverband. Hrsg.: Bundesverband d. Deutschen Industrie. Darmstadt 1956. 367 S. II Ea 17999

(Die wirtschaftliche Lage der kapitalistischen Länder im Jahre 1955, russ.:) Ekonomičeskoe položenie kapitalističeskich stran v 1955 godu. Moskau 1956. 562 S. III Ea 17541

Luczak,C.;Z.Piaszyk;C.Wasiek: (Beiträge zur deutschen Wirtschaftsführung in den Jahren 1939-1945, poln.:) Przyczynki do gospodarki niemieckiej w latach 1939-1945. Posen 1949. 149 S. IV Ea 17650

Michajlov, P.M.: (Die USA und England auf den kapitalistischen Märkten, russ.:) SŠA i Anglija na kapitalističeskich rynkach. Moskau 1956. 137 S. III Ea 17545

Mittelsten Scheid,E.: Führungsnachwuchserziehung in Deutschland als Gemeinschaftsaufgabe. King, A.: Ausbildung für die Betriebsführung. Dortmund 1956. 43 S. II Ea 17607

Poljanskij,F.Ja.: (Die ökonomischen Ansichten G.V.Plechanows,russ.:) Ekonomičeskie vzgljady G.V.Plechanova. Moskau 1956. 47 S. III Ea 15748

Reichelt, W.O.: Das Erbe der IG - Farben. Düsseldorf 1956. 241 S. II Ea 17023

Schmidt,G.;M.Banse: Der Charakter der kapitalistischen Betriebswirtschaftslehre und der "Sozialen Betriebspolitik". Berlin 1957. 146 S. I Ea 18060

Sternberger,D.: The Social Science in Western Germany. A postwar survey. Washington 1950. 63 S. V Ea 15997

Westphalen, F.A.: Sociology and economics in Austria. A report on postwar developments. Washington 1953. 50 S. V Ea 15975

Unsere ökonomischen Probleme und die Verbesserung der Wirtschaftsführung. 30.Tagg d.ZK d.SED vom 30.1.bis 1.2.57 Referat d.Vors.d. Staatl.Plankomm.Gen.B.Leuschner. Diskussionsreden. Beschluss. Berlin 1957. 34 S. I Ea 17794

5.Geschichte

Adler, H.G.: Theresienstadt 1941-1945. Das Antlitz einer Zwangsgemeinschaft. Geschichte, Soziologie, Psychologie. Tübingen 1955. 773 S. II Ea 17913

Badajew,A.: Die Bolschewiki in der Reichsduma. Erinnergn.(Aus d.Russ. übers.) Berlin 1957. 496 S. I Ea 17977

Bauernfeind,O.: Eid und Frieden. Fragen zur Anwendung und zum Wesen des Eides. Stuttgart 1956. 187 S. II Ea 14787

Baum, B.: Widerstand in Auschwitz. Berlin 1957. 108 S. I Ea 17983

Beyer,H.: München 1919. Der Kampf der Roten Armee in Bayern 1919. Berlin 1956. 53 S. I Ea 17365

Beyreuther, E.: August Hermann Francke u.d.Anfänge d.ökumenischen Bewegg. Leipzig 1957. 309 S. I Ea 17898

Boveri,M.: Der Verrat im 20.Jahrhundert. Für u.gegen die Nation. T.1.2. Hamburg 1956. T.1: 153 S. T.2: 170 S. II Ea 17997

Engels,F.: Internationales aus dem "Volksstaat" < 1871-1875 >. Berlin 1957. 95 S. I Ea 17993

Gemkow,H.: Friedrich Engels Hilfe beim Sieg der deutschen Sozialdemokratie über das Sozialistengesetz. Berlin 1957. 232 S. I Ea 17237

Gopner,S.I.: (Die erste russische Revolution und die internationale revolutionäre Bewegung, russ.:) Pervaja russkaja revoljucija i meždunarodnoe revoljucionnoe dviženie. Moskau 1955. 31 S. III Ea 15371

Hennicke,O.: Die Rote Ruhrarmee. Berlin 1956. 117 S. I Ea 17614

Kuczynski,J.: Die Geschichte der Lage der Arbeiter in England von 1640 bis in die Gegenwart. 2.,verb.Aufl. Bd 4, T.3: Seit 1832. Berlin 1955. 352 S. I Ea 60

Kuczynski, J.: Die Geschichte der Lage der Arbeiter in Frankreich von 1789 bis in die Gegenwart. 2.,verb.Aufl. Bd 6,T.1: 1789 bis 1830. Berlin 1955. 287 S. I Ea 60

Kuczynski, J.: Die Geschichte der Lage der Arbeiter in den Vereinigten Staaten von Amerika von 1775 bis in die Gegenwart.3.verb.Aufl. Bd 3, T.2: Die Herrschaft d.Monopolkapitals seit 1898. Berlin 1955. 289 S. I Ea 60

Die Vorgeschichte des Kulturkampfes. Quellenveröffentlichungen aus d. Deutschen Zentralarchiv. Bearb.von A.Constabel. Berlin 1956. 366 S. I Ea 17366

Lenin, W.I.: Über Deutschland und die deutsche Arbeiterbewegung. Aus Schriften,Reden,Briefen. Bes.v.Inst.f.Marx.-Leninismus beim ZK d.SED. Berlin 1957. 695 S. I Ea 17835

Levkovskij, A.I.: (Einige Besonderheiten der Entwicklung des Kapitalismus in Indien vor 1947, russ.:) Nekotorye osobennosti razvitija kapitalizma v Indii do 1947 g. Moskau 1956. 419 S. III Ea 17546

Maccoby,S.: English Radicalism 1762-1785. The origins. London 1955. 534 S. V Ea 17261

Malan'in, K.A.: (Die Vernichtung der faschistischen Truppen in Bjelorussland, russ.:) Razgrom fašistskich vojsk v Belorussii. Moskau 1956. 132 S. III Ea 15482

Münch,H.: Ursprung und Entwicklung der Städte Westpolens im Mittelalter. (Aus d.Poln.übers.) Marburg 1956. 31 S. II Ea 17339

Neusüss-Hunkel, E.: Die SS. Hannover 1956. 143 S. II Ea 17994

Poliakov,L.;J.Wulf: Das Dritte Reich und die Juden. Dokumente u.Aufsätze. 2.,durchges.Aufl. Berlin 1955. 457 S. II Ea 18032

Radandt, H.: Kriegsverbrecherkonzern Mansfeld. Die Rolle d.Mansfeld-Konzerns bei d.Vorbereitg u.während d.2.Weltkrieges. Berlin 1957. 291 S. I Ea 17832

Die Auswirkungen der ersten russischen Revolution von 1905-1907 auf Deutschland. Hrsg.: L.Stern. Quellenmaterial bearb.von W.Nissen u.G. Schrader. T.2. Berlin 1956. 350 S. I Ea 17630

Rozental', N.N.: Das Christentum, sein Ursprung und sein Wesen,russ.:) Christianstvo, ego proischoždenie i suščnost'. Moskau 1955. 38 S. III Ea 12661

Saint-Simon: Ausgewählte Texte. Mit e.Vorwort, Komm.u.Anm. von J.Dantry. (Aus d.Französ.übers.) Berlin 1957. 227 S. I Ea 17933

Spoerri,T.: Grundkräfte der europäischen Geschichte. Wie tote Geschichte zur lebendigen wird. Hamburg 1952. 45 S. II Ea 17802

SS im Einsatz. Eine Dokumentation d.Verbrechen d.SS. Hrsg.: Komitee d. Antifaschistischen Widerstandskämpfer in der DDR. Berlin 1957. 626 S. I Ea 17976

Streb,X.: Lenin in Deutschland. Berlin 1957. 54 S. I Ea 17973

Zirke,G.: Der General. Friedrich Engels, d.erste Militärtheoretiker d.Arbeiterklasse. Leipzig, Jena 1957. 52 S. I Ea 17834

6.Politik

Dahrendorf,G.: Der Mensch - das Mass aller Dinge. Reden u.Schriften zur deutschen Politik 1945 - 1954. Hamburg 1955. 293 S. II Ea 17801

Duverger,M.: La Participation des femmes et la vie politique. Paris 1955. 240 S. V Ea 17908

Foster, W.Z.: Abriss der politischen Geschichte beider Amerika.(Aus d.Engl.übers.) Berlin 1957. 983 S. I Ea 17986

Jahn,H.E.: Kultur- und Informationsarbeit der westlichen Demokratien. Darmstadt 1955. 139 S. II Ea 17346

Unmenschlichkeit als System. Dokumentarbericht über die "Kampfgruppe gegen Unmenschlichkeit " e.V. Berlin 1957. 278 S. I Ea 17787

Kolesnikov,A.K.: (Das Leninsche Prinzip der kollektiven Parteileitung, russ.:) Leninskij princip kollektivnosti partijnogo rukovodstva. Moskau 1957. 47 S. III Ea 15942

Meyer,E.W.: Political Science and economics in Western Germany. A postwar survey. Washington 1950. 23 S. V Ea 15998

Der 5.Parteitag der National-Demokratischen Partei Deutschlands. Leipzig, 16.,17.,18.Okt. 1953. Stenographische Niederschrift. Berlin 1955. 475 S. I Ea 17790

... mitten ins Herz. H.Rauschning,H.Fleig, M.Boveri, J.A.von Rantzau über e.Politik ohne Angst. Berlin 1954. 74 S. II Ea 17859

Pzdeeva, L.V.: (England und die Remilitarisierung Deutschlands 1933-1936, russ.:) Anglija i remilitarizacija Germanii 1933-1936 gg. Moskau 1956. 268 S. III Ea 14821

Roegele,O.: Kirche und Politik. Düsseldorf 1956. 63 S. II Ea 17335

Das politische Tagebuch Alfred Rosenbergs aus den Jahren 1934/35 und 1939/40. Nach d.photograph. Wiedergabe d.Handschrift aus d.Nürnberger Akten hrsg.u.erl.v.H.G.Seraphim. Göttingen,Berlin,Frankfurt 1956. II Ea 17941

Slepov,L.: (Die leninschen Normen des Parteilebens und die Grundsätze der Parteileitung, russ.:) Leninskie normy partijnoj žizni i principy partijnogo rukovodstva. Moskau 1956. 54 S. III Ea 15400

Ulbricht,W.: Grundfragen der Politik der Sozialistischen Einheitspartei Deutschlands. Referat auf d.30.Tagg d.ZK.d.SED am 30.Jan.1957. Berlin 1957. 110 S. I Ea 17793

II.RECHTSWISSENSCHAFT

1.Gesetzesmaterialien und Dokumente (auch Verfassungen und Kurzkommentare)

(Sammlung legislativer Akten über die Arbeit, russ.:) Sbornik zakonodatel'nych aktov o trude. Moskau 1956. 566 S. III Ea 17849

Becker,K.: Lexikon des Vermögenssteuer- u.d.Bewertungsrechts. Berlin 1956. 336 S. I Ea 17761

Beitzke,G.: Das Staatsangehörigkeitsrecht von Albanien, Bulgarien und Rumänien. Frankfurt/M. 1951. 111 S. mit Nachtr. II Ea 16285

Documents on British foreign policy 1919-1939. Ed.by E.L.Woodward and R.Butler. Serie 3.Vol.8.9. London 1955. Vol.8: 560 S. Vol.9: 539 S. V Ea 17599

Dokumente zur Geschichte des Bundes der Kommunisten. Eingel.von G.Winkler. Berlin 1957. 123 S. I Ea 17903

Bundesversorgungsgesetz. Schwerbeschädigtenges.,Unterhaltsbeihilfenges.,Heimkehrerges., Kriegsgefangenenentschädigungsges. sowie Durchführgs-u.Verwaltungsvorschr. Textausg.mit amtl.Leistgstab.u.Sachverz. 6.,neubearb.Aufl. München, Berlin 1957. 538 S. II Ea 17955

Carnelutti,F.: (Strafgesetzbücher, 2.Aufl. ital.:) I codici per l'udienza penale. 2.ed. Padua 1956. getr.Pag. V Ea 16065

Draeger,K.: Heimkehrer-Recht. Heimkehrergesetz, Kriegsgefangenenentschädigungsgesetz,Häftlingshilfegesetz u.sonstiges Heimkehrerrecht. Textausg.mit Durchführgsvorschriften,Hinweisen u.verb.Anm.nach d. Stande v.15.6.1956. Berlin, Frankfurt/M. 1956. 347 S. II Ea 18097

Durdenevskij,V.N.;S.B.Krylov: (Organisation der Vereinten Nationen. Dokumentensammlung, russ.:) Organizacija Ob'edinennych Nacij. Sbornik dokumentov. Moskau 1956. 373 S. III Ea 17872

Eisenbahnverkehrsordnung nebst Ergänzungs-Anordnung, Frachtstundungs-Anordnung, Verordnung über die Be-und Entladung von Eisenbahn-Güterwagen mit Anmerkgn. Berlin 1957. 156 S. I Ea 17522

(Bestimmungen über Erfindungen, Muster und Warenzeichen. T.1: Vervollständigung nach dem Stand vom 30.Sept.56, poln.:) Przepisy o wynalazkach wzorach i znakach towarowych. T.1: Warschau 1956. 216 S. IV Ea 15882

(Kommentar zum Gesetz über das Familienrecht, tschech.:) Komentár k zákonu o právu rodinném. Prag 1954. 567 S. IV Ea 16070

Fischbach, O.G.: Bundesbeamtengesetz. Erl. 2.,neubearb.u.verm. Aufl. Kölm, Berlin 1956. 1514 S. II Ea 18069

Fremdrenten- und Auslandsrentengesetz mit Nebengesetzen. Komm.von R.Hoernigk; K.Jahn; E.Wickenhagen. 2.erw.Aufl. Bad Godesberg 1954. Loseblattausg. II Ea 17480

Gemeindeordnung für Baden-Württemberg vom 25.Juli 1955. Textausg.mit 1.u.2.Durchführungsverordng u.1.Runderlaß d.Innenministeriums über d. Ausführg d.Gemeindeordnung mit Einf.u.Sachreg.Bearb.v.R.Kunze.2.Aufl. Stuttgart 1956. 250 S. II Ea 18086

Gheorghiu-Dej,G.: (Aufsätze und Reden.Bd 1.2.,russ.:) Stat'i i reči. Tom 1.2. Moskau 1956. Bd 1: 482 S. Bd 2: 447 S. III Ea 17457

Hampe,K.A.: Das Staatsangehörigkeitsrecht von Großbritannien. Frankfurt/M. 1951. 135 S. II Ea 16286

Hampe,K.A.: Das Staatsangehörigkeitsrecht von Spanien, Portugal und Irland. Unter Mitarb.v.G.v.Waldheim. Frankfurt/M. Berlin 1954. 123 S. II Ea 16282

Holitschek,H.;R.Günther: Gesetzliche Bestimmungen für die betriebliche Energiewirtschaft. Hrsg.v.d.Hauptenergieinspektion HV Elektroenergie im Min.f.Kohle u.Energie. Berlin 1957. 244 S. I Ea 17833

Verfahren gegen die Kommunistische Partei Deutschlands vor dem Bundesverfassungsgericht. (Hrsg.: Presse- u.Informationsdienst d.Bundesregierung).T.2. Karlsruhe (um 1956). 143 S. II Ea 15940

Urteil des Bundesverfassungsgerichts zum Verbot der Kommunistischen Partei Deutschlands. T.1.2. Karlsruhe 1956. 2 Bde T.1: 210 S. II Eb 774

Právnický ústav ministerstva spravedlnosti. (Sammlung von Rechtsvorschriften über die Landwirtschaft. T.2.3, tschech.:) Zemědělství. Sborník právních předpisu. Bd 2.3. Prag 1956. Bd 2: 1166 S. Bd 3: 1307 S. IV Ea 16067

Die Gesetzgebung über den Lastenausgleich. Ausg.B.Ausgleichsleistungen. Komm.zum Lastenausgleichsgesetz ... sowie zum Feststellungsgesetz u.zum Währungsausgleichsgesetz u.Altsparergesetz. Hrsg.: W.Kühn, B.Wolff u.komm.von M.Fauser u.a. Stuttgart, Köln 1955. Loseblattausg. II Ea 17894

Marcus, F.: Das Staatsangehörigkeitsrecht der nordischen Staaten Dänemark, Norwegen,Schweden,Finnland,Island. Bearb.f.Schweden: J.Fischler. Frankfurt/M. 1952. 171 S. mit Nachtr. II Ea 16283

Meisner-Stern-Hodes: Nachbarrecht im Bundesgebiet (ohne Bayern) und in Westberlin. 3.erw.verb.Auflage. (Früher Meisner-Stern: Preussisches Nachbarrecht). Berlin 1956. 671 S. II Ea 17003

Preisbildung und Preisüberwachung für Mieten, Pachten und im Grundstücksverkehr.Sämtl.gültige Best.nach d.Stand v.1.Febr.1956. Zsgest.u.erl.v.H.Legler. Berlin 1956. 438 S. I Ea 17985

Nentwich,P.C.;E.Schranz: Zwischenstaatliche Sozialversicherungsverträge. Wien 1955. 205 S. V Ea 17910

Gesetz über die örtlichen Organe der Staatsmacht. (Vom 17.Jan.1957) Berlin 1957. 78 S. I Ea 17968

Reichs- und Staatsangehörigkeitsgesetz mit Nebenbestimmungen. Textausg. München, Berlin 1955. 67 S. II Ea 17918

Reichsversicherungsordnung. Angestelltenversicherungsgesetz. Kleinausg.mit Sozialgerichtsges.u.d.wichtigsten Ergänzgsgesetzen. Textausg. u.Stand 20.März 1957. 4.,neubearb.Aufl. München,Berlin 1957. 956 S. II Ea 18103

Das Reisekostenrecht in der Deutschen Demokratischen Republik. Zusgest.u.erl.in Gemeinschaftsarbeit von A,Strauss u.F.Mehlig.3.Aufl. Berlin 1956. 98 S. I Ea 14578

Schlimme, H.: Für Frieden und Einheit. Aus Reden u.Schriften 1945-1955. Berlin 1957. 209 S. I Ea 17970

Schmied,E.: Das Staatsangehörigkeitsrecht der Tschechoslowakei. Frankfurt/M., Berlin 1956. 118 S. II Ea 16284

Schönfelder,H.: Deutsche Gesetze. Sammlg d.Zivil-,Straf-u.Verfahrensrechts. Stand 1.Juni 1956. 28. Aufl. München,Berlin 1956. Loseblattsammlg. II Ea 18077

Schröder,H.: Das schweizerische Staatsangehörigkeitsrecht. Nachtr. Frankfurt/M.,Berlin 1954. 31 S. II Ea 16288

(Bestimmungen über die ständigen Kommissionen der örtlichen Organe der Staatsmacht in den Ländern der Volksdemokratie, russ.:) Položenija o postojannych komissijach mestnych organov vlasti stran narodnoj demokratii. Moskau 1956. 149 S. III Ea 18143

Steinberg, K.: Das Staatsangehörigkeitsrecht der Südafrikanischen Union < einschl.Südwest-Afrika >. Frankfurt/M.,Berlin 1955. 120 S. II Ea 16280

Tarifvertragsgesetz. Komm. W.Maus. Göttingen 1956. 637 S. II Ea 18084

(Die einzelnen Institutionen der Vereinten Nationen. Statuten und Dokumente, ital.:) Istituti specializzati delle Nazioni Unite. Statuti e documenti annessi. Padua 1954. 729 S. V Ea 15677

Die Verfassung der Deutschen Demokratischen Republik. Mit Gesetz zur Ergänzung der Verfassung. Berlin 1955. 46 S. I Ea 17924

Verfassungsurkunden von Staatenverbindungen. Hrsg.v.Auswärt. Amt. Essen 1953. 303 S. II Ea 18089

Deutsche Liga für die Vereinten Nationen. Wirtschaftskommission für Europa.Mandat u.Geschäftsordnung. Berlin 1957. 16 S. I Ea 17931

Zivilgesetzbuch der ČSR vom 25.Okt.1950. Dt.Übers.v.G.Lebwohl. Berlin 1955. 120 S. II Eb 406

2.Rechtswissenschaft allgemein

Khadduri,M.;H.J.Liebesny: Law in the Middle East. Ed. Vol.1: Origin and development of Islamic law. Washington 1955. 395 S. V Ea 18001

Koni,A.F.: (Ausgewählte Werke, russ.:) Izbrannye proizvedenija. Moskau 1956. 888 S. III Ea 17303

3.Staats-und Rechtstheorie

Arnautov,L.Ja.;A.P.Kozlov: (Die sozialistische Industrialisierung-der Kern des Leninschen Planes des Aufbaus des Sozialismus u.Kommunismus, russ.:) Socialističeskaja industrializacija-osnovnoe zveno leninskogo plana postroenija socializma i kommunizma. Moskau 1956. 46 S. III Ea 15520

Balmašnov,A.A.: (Der Weltgewerkschaftsbund im Kampf um die Aktionseinheit der Werktätigen, russ.:) Vsemirnaja federacija profsojuzov v bor'be za edinstvo dejstvij trudjaščichsja. Moskau 1956. 180 S. III Ea 17312

Brill,H.L.: Die Problematik der modernen Staatstheorie. Vortr.,geh. an d.Dt.Hochschule f.Politik, am 25.Nov.1949. Berlin 1950. 20 S. II Ea 18010

Dahmen, H.: Wie ist Demokratie heute möglich? Grundlagenprobleme d. Nachkriegsdemokratie. Stuttgart 1955. 73 S. II Ea 17825

Frisch,A.: Grossmacht Technokratie. Die Zukunft der Gesellschaft. Frankfurt/M. 1955. 124 S. II Ea 17259

Karstedt, P.: Ethik more juridico. Meisenheim am Glan 1956. 193 S. II Ea 17855

Lenin,W.I.: Zwei Arbeiten zur Gewerkschaftsfrage. (Aus d.Russ.übers.) Berlin 1957. 84 S. I Ea 17625

Leont'ev, L.A.: (Die Leninsche Untersuchung des Imperialismus u.der moderne Kapitalismus, russ.:) Leninskoe issledovanie imperializma i sovremennyj kapitalizm. Moskau 1956. 63 S. III Ea 15415

Lichtenstein,E.: Umrisse einer soziologischen Jugendkunde. Berlin 1955. 111 S. II Ea 14278

Nawiasky,H.: Staatstypen der Gegenwart. St.Gallen 1934. 207 S. Ea 17939

Proesler,H.;K.Beer: Die Gruppe. Ein Beitrag zur Systematik soziologischer Grundbegriffe. Berlin 1955. 54 S. II Ea 14613

Ryndina, M.: (Der gegenwärtige Malthusianismus, russ.:) Sovremennoe mal'tuzianstvo. Moskau 1956. 62 S. III Ea 17031

Ščetinin, B.V.: (Der Marxismus-Leninismus über die Formen des sozialistischen Staates, russ.:) Marksizm-leninizm o formach socialističeskogo gosudarstva. Moskau 1956. 23 S. III Ea 15746

Schneider,R.: Formen der Macht. 2.Aufl. Nürnberg 1955. 47 S. II Ea 18082

Widerstandsrecht und Grenzen der Staatsgewalt. Bericht über d.Tagg d.Hochschule f.Politische Wissenschaften,München u.d.Evangel.Akademie, Tutzing, 18.-20.Juni 1955. Hrsg.: B.Pfister u.G.Hildmann. Berlin 1956. 162 S. II Ea 17363

Weber,M.: Wirtschaft und Gesellschaft. Grundriss d.verstehenden Soziologie. 4.,neu hrsg.Aufl.,bes.v.J.Winckelmann. Halbbd 1.2. Tübingen 1956. 2 Bde Bd 1: 385 S. Bd 2: S.387-1o33 II Eb 4o5

4.Geschichte der Staats-und Rechtstheorie

Berkhof,H.: Kirche und Kaiser. Eine Untersuchg d.Entstehg d.byzantinischen u.d.theokratischen Staatsauffassg im 4.Jh.Aus d.Holländ. übers.v.G.W.Locher. Zürich 1947. 223 S. V Ea 17928

Fechner, E.: Recht und Politik in Adalbert Stifters Witiko. Stifters Beitrag zur Wesenbetrachtg d.Rechts u.zur Charakterologie u.Ethik d. politischen Menschen. Tübingen 1952. 87 S. II Ea 18o56

Institut de droit comparé de la Faculté de droit de Paris. La Pensée politique et constitutionelle de Montesquieu. Bicentenaire de l'esprit des lois 1748-1948. Paris 1952. 328 S. V Ea 17996

Ottenwälder, P.: Zur Naturrechtslehre des Hugo Grotius. Tübingen 1950. 133 S. II E a 17914

Senin,N.G.: (Die gesellschaftlichen und philosophischen Ansichten Sun Yat-sens, russ.:) Obščestvenno-političeskie i filosofiskie vzgljady Sun'Jat-Sena. Moskau 1956. 214 S. III Ea 17892

Weis,E.: Geschichtsschreibung und Staatsauffassung in der französischen Enzyklopädie. Wiesbaden 1956. 285 S. II Ea 17433

5.Staats-und Rechtsgeschichte

Garaud, M.: La Révolution et l'égalité civile. Paris 1953. 277 S. V Ea 18121

Hundeshagen,C.B.: Calvinismus und staatsbürgerliche Freiheit.- Languet, H: Wider die Tyrannen. Hrsg.v.L.Wyss. Zürich 1946. 160 S. V Ea 18o26

Quellen zur karolingischen Reichsgeschichte. T.1. Berlin 1954. 484 S. I Ea 17o76

Nottarp, H.: Gottesurteilstudien. München 1956. 4o3 S. II Ea 18o9o

Pactus legis salicae. Hrsg.v.Karl August Eckhardt. II/1. 65 Titel-Text. Göttingen,Berlin,Frankfurt 1955. 356 S. I Ea 117o

Sacharov, A.M.: (Die Entstehung des russischen zentralistischen Staates, russ.:) Obrazovanie russkogo centralizovannogo gosudarstva. Moskau 1955. 38 S. III Ea 15376

Smith,J.M.: Freedom's Fetters. The alien and sedition laws and American civil liberties. Ithaca, New York 1956. 464 S. V Ea 18o13

Sreniowski, S.: (Die Abschaffung der Leibeigenschaft in Polen,poln.:) Uwłaszczenie chłopów w Polsce. Warschau 1956. 424 S. IV Ea 17879

Strauss,L.: Naturrecht und Geschichte.(Aus d.Engl.übers.) Stuttgart 1956. 339 S. II Ea 18o51

6. Völkerrecht und Außenpolitik

Breitner, F.: Der Gerichtshof der Montangemeinschaft und seine Anrufung bei fehlerhaften Organakten. 2.Aufl. Hamburg 1954. 95 S.
II Eb 799

Carstens, K.: Das Recht des Europarats. Berlin 1956. 243 S.
II Ea 17896

Delvaux, L.: La Cour de Justice de la Communauté Europeenne du Charbon et de l Acier. Exposé sommaire des principes, Paris 1956. 334 S.
V Ea 18000

Gablentz, O.H. von der: Kants politische Philosophie und die Weltpolitik unserer Tage. Berlin 1956. 23 S. II Ea 17806

Gaitanides, J.: Passion Europa. Variationen über ein fast konservatives Thema. Stuttgart 1956. 112 S. II Ea 17482

Grotius, H.: De jure belli ac pacis. Libri tres. 3 Bücher v.Recht d. Krieges u.d.Friedens. Paris 1625 nebst e.Vorrede v.Chr.Thomasius zur l.dt.Ausg.d.Grotius vom Jahre 17o7. Neuer dt.Text u.Einl.v.W.Schätzel. Tübingen 1950. 650 S. II Ea 18o55

Hartig, E.: Internationale Wasserwirtschaft und internationales Recht. Wien 1955. 99 S. V Ea 179o6

Jessup, Ph.C.: Transnational Law. New Haven, London 1956. 113 S.
V Ea 18o14

Kraske, E.: Handbuch des Auswärtigen Dienstes. Auf Veranlassung d. Auswärtigen Amts völlig umgearb.v.W.Nöldeke. Tübingen 1957. 366 S.
II Ea 17926

Kruse, H.: Die internationale Zusammenarbeit auf dem Gebiet der friedlichen Verwendung der Atomenergie. Frankfurt/M., Berlin 1956. 74 S.
II Eb 393

Mosler, H.: Die völkerrechtliche Wirkung bundesstaatlicher Verfassungen. Eine Untersuchg zum Völkerrecht und zum vergleichenden Verfassungsrecht. Aus: Festschrift f.Thoma. Tübingen 1949. S.129-172.
II Ea 17963

Müller, K.J.: Das Ende der Entente Cordiale. Eine Studie zur Entwicklung d.engl.-franz.Beziehgn während d.Westfeldzuges 194o. Frankfurt/M. 1956. 74 S. II Ea 17998

Petrie, C.: Diplomatie und Macht. Geschichte der internationalen Beziehungen 1717-1933. Zürich, Freiburg/Br. 1950. 432 S. V Ea 17893

Puchovskij, N.V.: (Die Möglichkeit der Verhütung der Kriege in der gegenwärtigen Epoche, russ.:) O vozmožnosti predotvraščenija vojn v sovremennuju epochu. Moskau 1956. 31 S. III Ea 15772

Samylovskij, I.V.: (Pantscha-Schule. Die fünf Grundsätze der internationalen Beziehungen, russ.:) Panča Šila. Pjat principov meždunarodnych otnošenij. Moskau 1956. 47 S. III Ea 17458

Schätzel, W.: Die riskante Kriegshandlung. Aus: Festschrift f.Thoma. Tübingen 1949. S.174-197 II Ea 17965

Scheuner,U.: Das internationale Recht der Rheinschiffahrt und der nationale Binnenverkehr < Cabotage >. Duisburg 1954. 70 S.
II Ea 18091

Schwarz-Liebermann v.Wahlendorf,H.A.: Vormundschaft und Treuhand des römischen und englischen Privatrechts in ihrer Anwendbarkeit auf völkerrechtlicher Ebene. Eine Studie zur Strukturproblematik d.Völkerrechts. Tübingen 1951. 141 S. II Ea 17961

Ušakov, N.A.: (Das Prinzip der Einstimmigkeit in der UN, russ.:) Princip edinoglasija velikich deržav v organizacii.ob edinennych nacij. Moskau 1956. 174 S. III Ea 1787o

Visscher, Ch.de: Theory and reality in public international law. Princeton 1957. 381 S. V Ea 17940

Weis,P.: Nationality and statelessness in international law. London 1956. 338 S. V Ea 17827

7.Staatsrecht

Aleksandrov,I.;P.Achramovič: (Die Staatsform Afghanistans, russ.:) Gosudarstvennyj stroj Afganistana. Moskau 1956. 59 S. III Ea 17816

Amsler,T.: Die Zugehörigkeit zur evangelisch-reformierten Landeskirche des Kantons Zürich. Winterthur 1954. 110 S.- Zürich,Jur.Fak.,Diss. vom 19.Dez.1953 V Ea 15749

Arndt,A.: Brauchen wir ein Pressegesetz? Bielefeld (um 1956). 8 S.
II Ea 15841

Blücher,F.: Bundesregierung und Parlament. Bonn 1955. 16 S.
II Ea 17856

Bumbacher,J.A.: Die öffentliche Ordnung - eine Schranke der Freiheitsrechte. Winterthur 1956. 128 S. Zürich,Jur.Fak.,Diss.von 1956
V Ea 18114

Černjak,E.B.: (Der Staatsaufbau und die politischen Parteien der USA, russ.:) Gosudarstvennyj stroj i političeskie partii SŠA. Moskau 1957. 241 S. III Ea 18141

Delčev, B.: (Das besetzte und nichtbesetzte Frankreich, bulgar.:) Francija okupirana i ne. Sofia 1953. 284 S. IV Ea 13109

Von Frankfurt nach Bonn. Die deutschen Verfassungen 1849-1949. Eingel.u.komm.von F.Siebert. Frankfurt/M.,Berlin, Bonn 1956. 127 S.
II Ea 17467

Dischler,L.: Das Saarland 1945-1956. Eine Darst.d.histor.Entwicklung mit d.wichtigsten Dokumenten. T.1.2. Hamburg 1956. T.1: 172 S. T.2: 404 S. II Eb 394

Dordevič,J.: (Die politische und staatliche Ordnung Jugoslawiens, slowen.:) Političko i državno uredenje Jugoslavije. Belgrad 1956. 211 S. IV Ea 15911

Gasteyger,C.: Die politische Homogenität als Faktor der Föderation. Berlin 1954. 151 S.- Zürich,Jur.Fak.,Diss.vom 29.Mai 1954
V Ea 15752

Griffith,E.S.: Congress its contemporary role. 2 nd rev.ed.
New York 1956. 207 S. V Ea 17348

Hendry,J.M.: Treaties and federal constitutions. Washington 1955.
186 S. V Ea 17267

Johnson,C.O.: American State and Local Government. 2 nd ed.
New York 1956. 305 S. V Ea 18004

Kennedin,St.: (Führer durch das Amerika der Rassendiskriminierung,
russ.:) Rutevoditel'po rasistskoj Amerike. Moskau 1955. 317 S.
III Ea 13943

Kopejčikov, V.V.: (Die Rechtsurkunden der örtlichen Organe der Staatsmacht und Verwaltung, russ.:) Pravovye akty mestnych organov gosudarstvennoj vlasti i upravlenija. Moskau 1956. 109 S. III Ea 17780

Manfred,A.Z.: (Die französische Arbeiterklasse im Kampfe um den sozialen Fortschritt, Frieden und die nationale Grösse Frankreichs,russ.:) Francuzskij rabočij klass v bor'be za socialnyj progress,za mir i nacionalnoe veličie Francii. Moskau 1956. 39 S. III Ea 15395

Mišin,A.A.: (Die Staatsform Indiens, russ.:) Gosudarstvennyj stroj
Indii. Moskau 1956. 74 S. III Ea 17771

Müller,E.: Friedens- und Wehrbereitschaft der Christen. Stuttgart 1956.
23 S. II Ea 17823

Polak,K.: Die Demokratie der Arbeiter-und Bauern-Macht. Drei Vorlesgn über d.örtl.Organe d.Staatsmacht in d.DDR. Berlin 1957, 79 S.
I Ea 18175

Die politischen Parteien im Verfassungsrecht. 2 Abhandlungen von E.Forsthoff und K.Loewenstein und ein Bericht von W.Matz.
Tübingen 1950. 47 S. II Ea 17923

Priester, E.: Was war im Ungarn wirklich los? Bericht e.Augenzeugin.
Berlin 1957. 123 S. I Ea 17904

Prosperetti,U.: (Die Ordnung des italienischen Staates, ital.:)
L'ordinamento dello stato italiano. Florenz 1955. 101 S.V Ea 15644

Die Rechtspflege im Bonner Grundgesetz. Referate von H.Jahrreiss u. G.Zinn sowie Ansprachen, Diskussionsbeitr.u.Beschlüsse.
Tübingen 1950. 100 S. II Ea 17966

Schnider,H.: Ältere Quellen zum römischen Staatsrecht. Winterthur 1955.
116 S.- Zürich,Phil.Fak.,Diss.vom 20.Febr. 1954 V Ea 15760

Schwakow,A.;V.Bogoslovskij: Unabhängiges Ägypten. (Aus d.Russ.übers.)
Berlin 1957. 715 S. I Ea 17935

Seidel,R.: Die deutschen Gewerkschaften. Ihr Wesen, Weg u.Ziel.
Stuttgart 1948. 191 S. II Ea 17824

Spiridonov, M.F.: (Das chinesische Volk im Kampf um die demokratischen Umgestaltungen und den Sozialismus, russ.:) Kitajskij narod v bor'be za demokratičeskie preobrazovanija i socializm. Moskau 1955. 47 S.
III Ea 15375

Spillmann,K.H.: Die Kantonsgrenze mit besonderer Berücksichtigung ihrer Verlegung. Winterthur, 1954. 140 S.- Zürich,Jur.Fak.,Diss.vom 30.Okt.1954 V Ea 15734

Stibi, G.: Ich erlebte Ungarn. Hintergründe u.Ziele d.konterrevolutionären Aufstandes. Berlin 1957. 63 S. I Ea 17367

Tajmanov, G.T.: (Die Entwicklung der sowjetischen Staatsmacht in Kasachstan, russ.:) Razvitie sovetskoj gosudarstvennosti v Kazachstane. Moskau 1956. 129 S. III Ea 15842

Evangelische Stimmen zur Frage des Wehrdienstes. Mit Beitr. von F.Delekat,G.Flor u.a. Stuttgart 1956. 88 S. II Ea 17021

8.Verwaltungsrecht

Al'bickij,P.D.: (Fragen der allgemeinen Aufsicht in der Praxis der sowjetischen Staatsanwaltschaft, russ.:) Voprosy obščego nadzora v praktike sovetskoj prokuratury. Moskau 1956. 139 S. III Ea 18241

Aubert,J.: Fernmelderecht. T.1: Hamburg,Berlin,Bonn 1954. 244 S. II Ea 18005

Der Betriebsplan im Handel. Red.M.M.Lifiz. (Aus d.Russ.übers.) Berlin 1957. 367 S. I Ea 17841

Bodda,P.: (Vorlesungen über Verwaltungsrecht.3.Aufl.,ital.:) Lezioni di diritto amministrativo. 3.ed. Turin 1954. 488 S. V Ea 15656

Bönninger,K.u.a.: Das Verwaltungsrecht der Deutschen Demokratischen Republik. Allg.Teil. Berlin 1957. 327 S. I Ea 17980

Boettcher,E.: Die Auswirkungen veränderter Sozialstruktur auf die Wohnungswirtschaft. Hamburg 1956. 30 S. II Ea 17807

Die Entschädigung der Kriegsgefangenen. Erl.von H.Boeffel. Essen 1954. 77 S. II Ea 18021

Georges,B.;J.Kniesch;H.Lehmann: Polizei und Staatsbürger. Köln,Berlin 1956. 39 S. II Ea 18074

Giger,H.G.: Die Mitwirkung privater Verbände bei der Durchführung öffentlicher Aufgaben. Bern 1951. 232 S. V Ea 17024

Hampe,E.: Im Spannungsfeld der Luftmächte. Eine Einf.in d.Gefahrenmöglichkeiten aus d.Luft u.Schutz-u.Hilfsmöglichkeiten f.d.Bundesrepublik. Köln 1956. 76 S. II Ea 17347

Hoffmann,H.: Die Gemeindevertretung. Leitfaden f.ehrenamtl.Bürgermeister u.Gemeinderatsmitglieder. München 1956. 132 S. II Ea 17799

Die öffentliche Jugendhilfe in Nordrhein-Westfalen. Rechnungsjahr 1954. Hrsg.: Statist.Landesamt Nordrhein-Westfalen. Düsseldorf 1956. 99 S. II Eb 368

Kelso,R.C.: Rechtsprobleme, die aus der industriellen Verwendung der Atomenergie entstehen. Karlsruhe 1956. 19 S. II Ea 17995

Kopp,O.: Die berufliche Hilfepflicht der Medizinalpersonen. Immensee 1953. 68 S.-Freiburg/Schweiz, Jur.Fak.,Diss.vom 9.Juli 1954
V Ea 15309

Monaco,R.;G.Cansacchi: (Lehrbuch des öffentlichen Rechts. 1.Teil. 4.Aufl.,ital.:) Corso di diritto pubblico. P.1.4.ed. Turin 1949. 262 S.
V Ea 15653

Obermayer, K.: Verwaltungsakt und innerdienstlicher Rechtsakt. Stuttgart,München,Hannover 1956. 183 S. II Ea 17822

Pfiffner,J.M.;R.V.Presthus: Public Administration. 3 rd ed. New York 1953. 626 S.
V Ea 17564

Seydel, P.: Die kommunalen Zweckverbände. Göttingen 1955. 182 S.
II Ea 17895

Speter,H.: Die Grundlagen der operativen Produktionsplanung in den Betrieben des volkseigenen Maschinenbaus. Berlin 1957. 137 S.
I Ea 17901

Stefanić-Allmayer, K.: Richtlinienentwurf zur Verwaltungsreform. Wien 1952. 7 S.
V Eb 409

Strumilin,S.G.: (Die Planung in der UdSSR, russ.:) Planorovanie v SSSR. Moskau 1957. 94 S. III Ea 18136

Im Kampf gegen Vermassung. Aus d.Werkstatt e.gemeinnützigen Wohnungsunternehmens.GEWOBAG 1924-1954. Hamburg 1954. 80 S. II Ea 17812

Wolff,H.J.: Verwaltungsrecht. Ein Studienbuch. München,Berlin 1956. 311 S.
II Ea 18052

9.Finanz-,Steuer-und Preisrecht

Balling,H.: Die Berechnung und Erhebung der Unfallumlage. Berlin 1957. 90 S.
I Ea 17981

Baumann, G.: Banken,Banken über alles. Berlin 1956. 182 S.
I Ea 17785

Danzi,L.: (Das neue Steuergesetz des Kantons Tessin, ital.:) La nuova legge tributaria cantonale Ticinese. Locarno 1955. 190 S.-Freiburg/Schw.,Jur.Fak.,Diss.vom 9.Juli 1955 V Ea 15207

Dräger,H.;W.Grotkopp: Was kann Deutschland an Lasten tragen? 2.Aufl. Düsseldorf 1955. 184 S. II Ea 17800

Frej,L.I.: (Das Geld-und Kreditsystem und die internationale Verrechnung der Indischen Union, russ.:) Denežno-kreditnaja sistema i meždunarodnye rasčety respubliki Indii. Moskau 1956. 234 S. III Ea 18144

Gaettens,R.: Inflationen. Das Drama d.Geldentwertung vom Altertum bis zur Gegenwart. München 1956. 324 S. II Ea 17552

Lohnsteuerhelfer. Ratgeber in Fragen d.Lohnbesteuerung m.d.gültigen Lohnsteuertabellen. Zsgest.von G.Voland. Berlin 1956. 88 S.
I Ea 17460

Planta,P.von: Die Besteuerung der juristischen Personen nach den Bestimmungen der natürlichen Personen. Winterthur 1955. 126 S. Zürich,Jur.Fak.,Diss.von 1955 V Ea 17254

Pomitjaev, F.F.: (Über die historische Bedeutung des Werkes von W.J. Lenin" Über die Naturalsteuer",russ.:) Istoričeskoe značenie raboty V.I. Lenina" O prodovol'śtvennom naloge". Moskau 1956. 47 S. III Ea 17191

Švarc, L.: (Die Erledigung von Verrechnungs-und Kreditangelegenheiten, russ.:) Oformlenie rasčetnych i kreditnych operacij. Moskau 1956. 143 S. III Ea 14963

Terstegen,W.O.W.: Steuer-Strafrecht, einschl. Verfahrensrecht. Köln 1956. 323 S. II Ea 17354

Wacke, G.: Das Finanzwesen der Bundesrepublik. Die Einwirkgn d.Finanzfunktion auf Gesetzgebg, Verwaltg u.Rechtsprechg im Bonner Grundgesetz. Tübingen 1950. 111 S. II Ea 17956

Weidner, A.: Geld und Währung. Einf.in d.Grundfragen. Stuttgart 1956. 159 S. II Ea 17860

10.Strafrecht,Strafprozeß

Bebel,A.;W.Liebknecht: Um die deutsche Nation. Der Leipziger Hochverratsprozess. Berlin 1956. 44 S. I Ea 17788

Feldbausch,F.: Zum Schuldproblem in den Euthanasieprozessen der Nachkriegszeit. Mainz 1956. 71 S.- Mainz,Jur.Fak.,Diss.vom 14.März 1956 II Eb 752

Fritzsche,H.;E.Hübner: Zum Objekt der Eigentumsverbrechen. Berlin 1957. 35 S. I Ea 17842

Hochverrat und Staatsgefährdung. Urteile d.Bundesgerichtshofes. Mit e.Vorw.von W.Wagner. Karlsruhe 1957. 389 S. II Ea 18066

Kiričenko,V.F.: (Die Verantwortlichkeit für Amtsvergehen nach dem sowjetischen Strafrecht, russ.:) Otvetstvennost'za dolžnostnye prestuplenija po sovetskomu ugolovnomu pravu. Moskau 1956. 131 S. III Ea 17866

Kriminalität und Verbrechensverhütung. Von K.Ahlert u.a. Köln,Berlin 1956. 92 S. II Ea 18073

Liedke,W.J.: Vorbestraft. Ein krit.Beitr.zur Strafrechtsreform. Frankfurt/M. 1956. 184 S. II Ea 18068

Lipczyńska, M.: (Die Stellung des Angeklagten im Strafprozeß Volkspolens, poln.:) Stanowisko oskarzonego w procesie karnym polski ludowej. Warschau 1956. 306 S. IV Ea 16037

Manzini,V.: (Institutionen des italienischen Strafrechts,Vol.1.2., ital.:) Istituzioni di diritto penale italiano. Padua 1949. Vol.1: 9.ed.303 S. Vol.2: 2.ed. 445 S. V Ea 15639

Mendel'son,G.A.;Ju.M.Tkačevskij: (Alkoholismus und Verbrechen, russ.:) Alkogolizm i prestupnost! Moskau 1956. 98 S. III Ea 17781

Newman, K.M.: Das englisch-amerikanische Beweisrecht. Mit e.Vorw. über d.Behandlg d.Beweisproblems im dt.Strafverfahren v.W.Sachs. Heidelberg 1949. 121 S. II Ea 18039

Pfersich, H.M.: Die Strafzumessung im Lichte der modernen amerikanischen Schule, zugl.e.Beitr.zur Großen Strafrechtsreform. Bonn 1956. 162 S. II Ea 18098

Schmidt, E.: Die Reform des Strafrechts im Rückblick auf Berliner Impulse in der Geschichte der modernen Kriminalpolitik. Tübingen 1956. 19 S. II Ea 18035

(Die Grundprinzipien der Strafgesetzgebung in der UdSSR und in den Unionsrepubliken, russ.:) Osnovnye načala ugolovnogo zakonodatel'stva Sojuza SSR i Sojuznych Respublik. Moskau 1956. 15 S. III Ea 17871

(Der sowjetische Strafprozeß, russ.:) Sovetskij ugolovnyj process. Pod red. D.S.Kareva. Moskau 1956. 415 S. III Ea 16029

Tanović, I.D.: (Strafrecht. Bes.Teil, 2.Aufl.slowen.:) Krivično pravo.Posebni deo. 2.izd. Belgrad 1955. 525 S. IV Ea 15916

(Verteidigungsreden sowjetischer Anwälte, russ.:) Zaščititel'nye reči sovetskich advokatov. Pod red. M.S. Strogoviča. Moskau 1956. 253 S. III Ea 16022

Wenger, J.C.: Die Gefährdung der verfassungsmässigen Ordnung Art.275-275 ter StGB. Aarau 1955. 138 S. V Ea 17004

11.Kriminalistik,Gerichtliche Medizin,Gerichtspsychiatrie,-psychologie

Hansen, G.: Gerichtliche Medizin. Nachdruck.Leipzig 1957. 240 S. I Ea 17982

Knobloch, F.;J.Knoblochová: (Gerichtspsychiatrie für Juristen und Ärzte, tschech.:) Soudní psychiatrie pro právníky a lékaře. Prag 1957. 267 S. IV Ea 15869

Laves, W.;F.Bitzel;E.Berger: Der Strassenverkehrsunfall. Ursachen, Aufklärung, Beurteilung. Stuttgart 1956. 440 S. II Ea 17471

12.Gerichtsverfassung(einschließlich Staatsanwaltschaft Justizverwaltung,Notariat,Anwaltschaft)

Strauss, W.: Die oberste Bundesgerichtsbarkeit. Heidelberg 1949. 54 S. II Ea 18045

13.Zivilrecht

Becker, L.: Die Ausdehnung des § 817, S.2 BGB auf andere Ansprüche ausserhalb des Gebiets der ungerechtfertigten Bereicherung. Frankfurt/M.1955. 144 S.- Frankfurt/M.,Jur.Fak.,Diss.vom 25.Mai 1955. II Eb 778

Casati, E.;G.Russo: (Handbuch des italienischen Zivilrechts. 2.Aufl., ital.:) Manuale del diritto civile italiano. Turin 1950. 989 S. V Ea 16049

Dürkes, W.: Wertsicherungsklauseln. Überblick über d.derzeitigen Stand von Rechtsprechg u.Schrifttum. 3.,erg.u.erw.Aufl. Heidelberg 1956. 68 S. II Ea 18150

Eichler,H.: Die Rechtslehre vom Vertrauen. Privatrechtl.Untersuchg über d.Schutz d.Vertrauens. Tübingen 1950. 123 S. II Ea 17957

Fikentscher, W.: Die Mängelrüge im deutschen, ausländischen und internationalen Recht. Düsseldorf 1956. 32 S. II Ea 17828

Gams,A.: (Einführung in das Zivilrecht. Allg.Teil, serb.:) Uvod u grad'andsko pravo. Opšti deo. Belgrad 1956. 383 S. IV Ea 15891

Genovese, A.: (Die Formen der Freiwilligkeit in der Vertragstheorie, ital.:) Le forme volontarie nella teoria dei contratti. Padua 1949. 200 S. V Ea 15650

Hiebler,F.: Die Praxis der Kreditgewährung mit Erl.-Beisp.u.e.Kredit-Inventur. Wiesbaden 1955. 147 S. II Ea 17582

Ilić, A.: (Das Wirtschaftsrecht der Föderativen Volksrepublik Jugoslawien, slowen.:) Privredno pravo FNRJ. Sarajevo 1949. 336 S. IV Ea 15912

Kipp,Th.: Erbrecht. Ein Lehrbuch. 10.Bearb.von H.Coing. Tübingen 1955. 568 S. II Ea 17927

Larenz,K.: Geschäftsgrundlage und Vertragserfüllung. Die Bedeutg "veränderter Umstände" im Zivilrecht. 2.,neubearb.u.erw.Aufl.München, Berlin 1957. 195 S. II Ea 17811

Rall,H.: Die Eigentumsmassnahmen des werksgeförderten Wohnungsbaues. Unter ges.Berücks.d.Eigenheimes u.d.Kleinsiedlung. Köln 1956. 131 S. II Ea 17257

Das Schuldrecht der Deutschen Demokratischen Republik.Ausgearb.von H.Such u.a. Überarb.2.Aufl. T.1.2. Berlin 1956. T.1: 239 S. T.2: 256 S. I Ea 15993

Schumann,H.: Zur Haftung der nichtrechtsfähigen Vereine. Köln, Berlin 1956. 103 S. II Ea 18011

Sommer, G.: Wirtschaftsrecht. Einf.in d.Grundbegriffe d.bürgerl. Rechts,insbesondere Recht der Schuldverhältnisse und Hypothekenrecht...... 2.verb.u.erw.Aufl. Wien 1953. 145 S. V Ea 17920

Späth,G.: Kaufvertrag und Werkvertrag. Stuttgart, München,Hannover 1956. 88 S. II Ea 17819

Stolz,W.: Fehlerhafte Ware - Geld zurück? Berlin 1956. 51 S. I Ea 17186

14.Urheber-und Erfinderrecht

Becker,G.: Der Verbesserungsvorschlag und seine Vergütung. Berlin 1957. 76 S. I Ea 17988

Kuhbier, H.: Bestimmung des Schutzumfangs von Patenten im Erteilungsverfahren. Der Gegensatz v. Erfinderinteresse u. Gemeininteresse in Gesetzgebg u. Rechtsprechg. Ein Beitr.z.großen Patentrechtsreform. München,Köln,Berlin 1956. 47 S. II Ea 17670

Serebrovskij,V.I.: (Fragen des sowjetischen Autorenrechts, russ.:) Voprosy sovetskogo avtorskogo prava. Moskau 1956. 281 S.
III Ea 17815

Siegert, K.: Der Mißbrauch von Schallaufnahmegeräten im geltenden Recht. Göttingen 1953. 78 S. II Ea 17588

15.Vertragssystem und vertragsgerichtliches Verfahren

Gersdorf,M.;T.Michalowski: (Rechtsgrundsätze für die Verrechnungen von Lieferungen, Dienst-u.Arbeitsleistungen, poln.:) Zasady prawne rozliczeń za dostawy, usługi i roboty. Warschau 1957. 363 S. IV Ea 15876

16.Handelsrecht,Wertpapierrecht,Kartell-und Wettbewerbsrecht

Aschwanden,G.: Der Erwerb der Mitgliedschaft bei der Aktiengesellschaft. Beromünster 1955. 133 S.- Zürich,Jur.Fak.,Diss.vom 30.April 1955 V Ea 15750

Axter, H.: Das "Marktbeherrschende Unternehmen" im Entwurf eines Gesetzes gegen Wettbewerbsbeschränkungen. Köln,Berlin 1956. 108 S.
II Ea 18033

Brüll,G.: Das internationale Recht für den Eisenbahngüterverkehr. Wien 1953. 52 S. V Ea 17921

Dorn,P.: Rationelle Warenwege im Binnenhandel. Berlin 1957. 147 S.
I Ea 17979

Feller,A.H.: The German-Mexican Claims Commission. Washington 1933. S.61-79. Aus: The American Journal of International Law. Vol.27. 1933, Nr 1. V Ea 15330

Gierke,O.von: Das deutsche Genossenschaftsrecht. Bd 1-4. Darmstadt 1954. 4 Bde II Ea 17885

Landolt, H.: Rechtsanwendung oder Billigkeitsentscheid durch den Schiedsrichter in der privaten internationalen Handelsgerichtsbarkeit. Ein Beitr.z.Problem d.Vereinheitlichg d.Schiedsrechts. Bern 1955. 145 S. V Ea 18024

Remaschi,G.: (Handelsrecht, ital.:) Diritto commerciale. Florenz 1947. 100 S. V Ea 15643

Seraphim, H.J.: Die genossenschaftliche Gesinnung und das moderne Genossenschaftswesen. Karlsruhe 1956. 46 S. II Ea 17465

Sigg,L.: Das oberste Organ in der Genossenschaft. Eine Studie über d. Vielfalt d.genossenschaftlichen Willensbildung. Zürich 1954. 228 S.- Zürich,Jur.Fak.,Diss.vom 19.Dez.1953. V Ea 15731

Steiner, H.: Die Offene Handelsgesellschaft und die Kommanditgesellschaft in der deutschen Wirtschaft. Ihre Ausgestaltg zu modernen Unternehmungsformen. Tübingen 1950. 179 S. II Ea 18043

17.LPG-Recht,Bodenrecht,Landwirtschaftsrecht

Jegorow, I.S.: Ein Leben für die Landwirtschaft. 25 Jahre Vorsitzender e.Kollektivwirtschaft. Berlin 1957. 134 S. I Ea 17992

Kazancev,N.D.: (Die gesetzlichen Grundlagen der Landverhältnisse in der Rumänischen Volksrepublik, russ.:) Zakonodatel'nye osnovy zemel'nych otnošenij v Rumynskoj Narodnoj Respublike. Moskau 1956. 41 S. III Ea 17867

Sachse, R.: Zur Agrarstatistik. Hinweise Lenins zur Agrarberichterstattung u.ihre Anwendg auf d.westdt.Landwirtschaft. Berlin 1954. 70 S. I Ea 18145

Schönbauer, E.: Das Problem eines bäuerlichen Hof-Rechtes in rechtsgeschichtlicher und nationalökonomischer Beleuchtung. Wien 1953. S.302-323. Aus: Anzeiger d.phil.-hist.Klasse d.Oesterreichischen Akademie d.Wissenschaften. Jg 1952. Nr 20 V Ea 17551

18.Familienrecht

Levina,L.M.;V.N.Ivanov: (Was man über die Vormundschaft wissen muß, russ.:) Čto nyzno znat' ob opeke i popečitel'stve Moskau 1956. 47 S. III Ea 16o24

Neumayer,K.H.: Die Kombination von Vermögenstrennung und Vermögensteilhabe im ehelichen Güterrecht. Ein rechtsvergl.Beitr.z.d.Problemen familienrechtl.Gleichstellg von Mann u.Frau. Aus: Zeitschrift für ausländisches u.internationales Privatrecht. Jg.18, H.2/3. Berlin, Tübingen 1954. S.376-422. II Ea 18038

Schmidt,W.: Das Mutterrecht. Wien 1955. 186 S. V Eb 420

Speck,O.: Kinder erwerbstätiger Mütter. Ein soziologisch-pädagogisches Gegenwartsproblem. Stuttgart 1956. 141 S. II Ea 17705

Suchodrev, V.N.: (Das sowjetische Gericht schützt dieRechte der Frauen und Kinder in der Familie , russ.:) Sovetskij sud na ochrane prav ženščin, detej,semi. Moskau 1954. 65 S. III Ea 15661

19.Zivilprozeß und Freiwillige Gerichtsbarkeit

Püschel,H.: Das Zivilprozeßrecht der Deutschen Demokratischen Republik. Berlin 1956. 36 S. I Ea 15978

Ricci, H.P.: Reformatio in peius und Anschließung an das Rechtsmittel im Zivilprozeß < unter vergleichsweiser Heranziehg d.Strafprozesses u.d.Steuerjustizverfahrens >. Winterthur 1955. 108 S.- Zürich,Jur. Fak.,Diss.von 1955 V Ea 18115

Rosenberg,L.: Die Beweislast auf der Grundlage des Bürgerlichen Gesetzbuches und der Zivilprozeßordnung. 4.durchges.Aufl. München, Berlin 1956. 411 S. II Ea 18275

Schönke,A.;G.Kielwein: Die Schiedsgerichtsbarkeit in Zivil - und Handelssachen. Bd 3. Köln 1956. 201 S. II Ea 17278

Westermann,H.: Wesen und Grenzen der richterlichen Streitentscheidung im Zivilrecht. Münster 1955. 40 S. II Ea 18o53

20.Arbeits-und Sozialrecht incl.Verfahren

Abel,W.: Die Altersversicherung der bäuerlicher Bevölkerung.Hannover 1956. 57 S. II Ea 17798

Aleksandrov,N.G.;Ja.L.Kiselev;A.I.Stavceva: (Die Arbeitsrechte der Arbeiter und Angestellten in der UdSSR, russ.:) Trudovye prava rabočich i služaščich v SSSR. Moskau 1956. 197 S. III Ea 17868

Právnický ústav ministerstva spravedlivosti. (Tschechoslowakisches Arbeitsrecht,tschech.:) Československé pracovní právo. Prag 1957. 531 S. IV Ea 16071

Gewerkschaftliche Beiträge zur Automatisierung. Köln 1956. 87 S. II Ea 17905

Revolution der Roboter. Untersuchungen über Probleme d.Automatisierung. Eine Vortragsreihe d.Arbeitsgemeinschaft Sozialdemokratischer Akademiker München. München 1956. 198 S. II Ea 17498

Böhrs,H.;H.Schelsky: Die Aufgaben der Betriebssoziologie und der Arbeitswissenschaften. Stuttgart,Düsseldorf 1954. 56 S. II Ea 17681

Dräger,H.: Altersversorgung auf Gegenseitigkeit für alle. Kaufkraftbeständige Arbeitsrente. Düsseldorf 1956. 244 S. II Ea 17227

Galland, Th.: Statistik der Beschäftigten und Arbeitslosen in der Bundesrepublik Deutschland. Stuttgart 1956. 416 S. II Ea 18050

Gniza,E.;E.Möhler;E.Schneider: Arbeitsschutz im Industriebetrieb. < Einf.in Theorie u.Praxis des Arbeitsschutzes > Berlin 1957. 116 S. I Ea 17989

Hessel,Ph.: Krankheit im Arbeitsrecht. Heidelberg 1957, 72 S. II Ea 18085

Hiller,G.: Gewinnbeteiligung der Arbeiter im Kapitalismus. Wesen u. Ziel d.Lohnaufgliederung. Berlin 1957. 198 S. I Ea 17792

Höffner,J.: Sozialpolitik im Deutschen Bergbau. 2.Aufl. Münster/Westf. 1956. 152 S. II Ea 17925

Hotop,G.: Die Beteiligung der Arbeitnehmer am Erfolg. Von d.Gratifikation zur Partnerschaft. Stuttgart,München,Hannover 1955. 48 S. II Ea 17821

Internationale Arbeitsorganisation. Bonn 1956. 64 S. II Ea 16240

Kernert, K.: Altersvorsorge für Unternehmer und Arbeitnehmer, 4.Aufl. Stuttgart,München,Hannover 1956. 66 S. II Ea 17820

Koršunova, E.N.: (Die Arbeits-und Erholungszeit der Arbeiter und Angestellten in der UdSSR, russ.:) Rabočee vremja i vremja otdycha rabočich i služaščich v SSSR. Moskau 1954. 55 S. III Ea 16056

Kranke,R.;F.Spangenberg;W.Böhm: Das Kündigungsrecht. 2.verb.u.erg. Aufl. Berlin 1957. 210 S. I Ea 18064

Kraut,G.: Sozialreform und Selbstverantwortung. Denkschrift zur Umgestaltung d.sozialen Versicherung. Stuttgart 1956. 47 S.
II Ea 17475

Labor Conditions in Latin America. Latin american series. No 23. Washington 1945. 14 S. Ea 15285

Lange,C.J.de: (Der Arbeitsvertrag für die Seefahrt, holländ.:) De arbeidsovereenkomst voor de vaart ter zee. Alphen a.d.Rh. 1955. 120 S-- Leiden,Jur.Fak.,Diss.vom 26.Okt.1955 V Ea 15728

Lauterbach,H.;H.Podzun: Die gesetzliche Unfallversicherung. 3.völl. neubearb.Aufl. Bad Godesberg 1956. 108 S. II Ea 18105

Mann, A.: Sozialprodukt, Lohnpolitik und Produktivitätssteigerung. Sozialer Frieden u.volkswirtschaftl.Gleichgewicht in ihrem Zusammenhang mit Sozialprodukt u.Produktivitätssteigerung. Baden-Baden, Frankfurt/M. 1956. 46 S. II Ea 17344

Maus,W.: Das deutsche Arbeits-und Sozialrecht. Bd 1: Das Arbeitsverhältnis. Grundfragen u.Grundlagen. Schloß Bleckede a.d.Elbe 1948. 374 S. II Ea 18260

Molitor,E.: Die arbeitsrechtliche Bedeutung des Art.3 des Grundgesetzes. Aus: Archiv für civilistische Praxis. 151/5. Tübingen 1951. S.386-415. II Ea 18037

Müller,E.: Recht und Gerechtigkeit in der Mitbestimmung. Ein evangel. Ratschlag. Stuttgart 1950. 82 S. II Ea 17858

Müller, G.: Zum Recht des Ordensvertrages. Eine Unters.über d.Rechtsverhältnisse d.krankenpflegenden Orden zu d.nicht in ihrem Eigentum stehenden Krankenhäusern. Paderborn 1956. 64 S. II Ea 17358

Nagy,L.: (Die materielle Verantwortlichkeit der Arbeiter, ungar.:) A dolgozók anyagi felelössége. Budapest 1956. 215 S. IV Ea 16273

L'Organisation Internationale du Travail. Trente ans de Combat pour la justice sociale 1919-1949. Préface d.D.Morse.2me ed. Genf 1950. 179 S. V Ea 16239

Potthoff,E.: Theorie und Praxis der sozialen Betriebspolitik. Stuttgart,Düsseldorf 1953. 60 S. II Ea 17688

Preller,L.: Notwendigkeit und Grenzen betrieblicher Sozialleistungen. Düsseldorf 1953. 36 S. II Ea 17345

Produktivitätsrenten sichern den Lebensabend. Für d.Inhalt verantwortl. A.Müller. Bad Godesberg 1956. 84 S. II Ea 17258

Das Problem der Rentenreform.Vortr.u.Diskussionen auf d.6.Arbeitstagg d.Aktionsgemeinschaft Soziale Marktwirtschaft am 26.Juni 1956 in Bad Godesberg. Ludwigsburg 1956. 127 S. II Ea 18080

Schlegel,R.: Leitfaden des Arbeitsrechts. 3.Aufl. Berlin 1956. 358 S.
I Ea 18065

Siebrecht,V.: Arbeitsmarkt und Arbeitsmarktpolitik in der Nachkriegszeit. Stuttgart 1956. 259 S. II Ea 17253

Söldner,H.: Grundfragen der Arbeitsökonomik. Berlin 1956. 231 S. I Ea 14899

Verhandlungen auf d.2.Hauptversammlung d.Gesellschaft f.Sozialen Fortschritt e.V.in Bonn 1952. Soziale Selbstverwaltung im demokratischen Staat unter bes.Berücks.d.Einigungswesens. Berlin 1952. 92 S. II Ea 17676

Der Sozialplan für Alle. Begr. entworfen u.ausgearb.von Mitgl.d.Bundes für Sozialreform. Berlin 1956. 21 S. II Eb 390

Spiegelhalter,F.: Die Entwicklung des betrieblichen Sozialaufwandes. Darmstadt 1953. 19 S. II Ea 17749

Teutsch,A.: Das Beschäftigungsverhältnis als Grundlage des gesetzlichen Unfallversicherungsschutzes u.des Haftungssonderrechts der Unternehmer. Tübingen 1953. 60 S. II Ea 18088

Thielicke,H.;K.Pentzlin: Mensch und Arbeit im technischen Zeitalter. Zum Problem d.Rationalisierung. Tübingen 1954. 51 S. II Ea 17911

Thieme,H.;H.Mehnert: Prämiensysteme für Produktionshilfsarbeiter. Berlin 1956. 62 S., 20.Bl. Anl. I Ea 17839

Tintić,N.: (Grundlagen des Arbeitsrechts.T.1,slowen.:) Osnovi radnog prava. T.1. Zagreb 1955. 256 S. IV Ea 16261

Westrick,K.: Rechtsprobleme in der Organisation und in der Betätigung der deutschen Arbeitgeber. o.O.1956. 63 S. Frankfurt/M.,Jur. Fak.,Diss.vom 1.Febr.1956 II Ea 15758

Wiese, L.von: Das Soziale im Leben und Denken. Köln 1956. 79 S. II Ea 17063

Wimmer, W.: Das Betriebsrätegesetz von 1920 und das Blutbad vor dem Reichstag. Berlin 1957. 68 S. I Ea 17234

21.Internationales Privatrecht

Blagojević,B.T.: (Internationales Privatrecht, serbokroat.:) Medunarodno privatno pravo. Belgrad 1950. 898 S. IV Ea 15901

Bühler,O.: Der völkerrechtliche Gehalt des internationalen Privatrechts. Aus: Festschrift für Wolff. Tübingen 1952. S.178-201. II Ea 17964

Eisner,B.: (Internationales Privatrecht. T.1, serbokroat.:) Medunarodno privatno pravo. Svez.1 Zagreb 1953. 406 S. IV Ea 15909

Sammlung der deutschen Entscheidungen zum interzonalen Privatrecht 1945-1953. Bearb.von U.Drobnig. Halbbd.1. Berlin,Tübingen 1956. 638 S. II Ea 17938

22.Festschriften

Festschrift für Friedrich Lent zum 75. Geburtstag 6.1.1957. Hrsg.v. L.Rosenberg u.K.H.Schwab. München, Berlin 1957. 327 S. II Ea 18276

Beiträge zum internationalen Luftrecht. Festschrift zu Ehren v. A.Meyer aus Anl.s.75. Geb. am 15.Dez.1954 dargebr.v. Freunden, Fachgenossen u.Schülern. Düsseldorf 1954. 160 S. II Ea 17967

Beiträge zum neuen Geschichtsbild. Zum 60.Geb.von Alfred Meusel. Hrsg. v.F.Klein u.J. Streisand. Berlin 1956. 250 S. I Ea 17461

Vom Mittelalter zur Neuzeit. Zum 65.Geburtstag von Heinrich Sproemberg. Hrsg.: H.Kretzschmar. Berlin 1956. 439 S. I Ea 17091

Bergbau und Bergrecht. Beiträge zur Geschichte des Bergbaues zum 80. Geburtstag von W.Weigelt. Berlin 1957. 224 S. I Ea 17936

23.Juristische Ausbildungs-und Prüfungsfragen

Keine Eingänge

D. ÜBERSETZUNGEN AUS DER ZEITSCHRIFT "SOVETSKOE GOSUDARSTVO I PRAVO"[1]

Inhaltsverzeichnis von 1957, Heft 4:

Artikel

Bratus',S.N.(Bratuss,S,N.): Bei V.I.Lenin muß die Entscheidung theoretischer und praktischer Rechtsfragen studiert werden. S.3- 13

Rudzickij,L.A.;V.A.Dorogin(Rudsizkij,L.A.):Die Bildung der Bjelorussischen SSR. S.12-19

Aleksandrov,N.G.(Alexandrow,N.G.): Theoretische Fragen der Kodifizierung der Arbeitsgesetzgebung der Unionsrepubliken. S.20-31

Grišin,B.S.;N.I.Gukovskaja(Grischin,B.S.;N.I.Gukowskaja): Zu einigen Fragen der Untersuchung von Strafsachen durch die Organe der Miliz. S.32-37

Rozmaryn,S.A.: Einige Probleme der Verbesserung der Arbeit der Nationalräte in der Polnischen Volksrepublik. S.38-49

Sadikov,O.N.(Sadikow,O.N.): Die Vermögenssanktionen in den Wirtschaftsverträgen. S.50-60

Dobrovol'skij,A.A.(Dobrowolskij,A.A.): Die Teilnahme der Organe der Staatsverwaltung am sowjetischen Zivilprozeß. S.61-70

Pereterskij,I.S.: Die Bedeutung eines internationalen Vertrages für einen dritten (diesem Vertrag nicht angehörenden)Staat. S.71-80

Morozov,G.I.(Morosow,G.I.): Das Programm der Untergrabung der internationalen Zusammenarbeit. S.81-89

Pokrovskij,V.S.(Pokrowskij,W.S.): Die sozial-politischen und rechtlichen Anschauungen M.M.Kovalevskijs. S.90-101

Diskussionen und Erörterungen

Strogovič,M.S.(Strogowitsch,M.S.): Das Strafprozeßrecht im System des Sowjetrechts. S.102-109

Tarasov,M.A.(Tarasow,M.A.): Das System des Transportrechts der Sowjetunion. S.110-114

Perlov,I.D.;M.Ju.Raginskij(Perlow,I.D.): Herangereifte Fragen des Ermittlungs- und Untersuchungsverfahrens. S.115-121

1) Die hier angezeigten Artikel werden laufend übersetzt und sind gemäß der Benutzungsordnung der Bibliothek des Deutschen Instituts für Rechtswissenschaft ausleihfähig.

Übersichten über die Gerichts- und Arbitragepraxis

Liberman, F.Ch.: Die Praxis der Staatlichen Arbitrage in Streitigkeiten bei Verrechnungen für gelieferte Produktion und für Dienstleistungen. S.122- 128

Mitteilungen und Bemerkungen

Krylov,S.B.(Krilow,S.B.): Über die nicht offizielle Kodifizierung des Völkerrechts. S.129-130

Wissenschaftliches Leben

Bogolepov,R.D.(Bogoljepow,R.D.): Die Aufsicht der Staatsanwaltschaft über die Anwendung des Beschlusses des ZK der KPdSU und des Ministerrates der UdSSR vom 6.März 1956. S.131-133

Matvej Dmitrievič Zagrjackov S.134

Lev Isaakovič Dembo S.134

Rezensionen

Manochin,V.M.: I.Azovkin, Die kulturell-erzieherische Arbeit des Rayonsowjets der Deputierten der Werktätigen. S.135-137

Gal'perin,I.M.: N.N. Poljanskij, Fragen der Theorie des sowjetischen Strafprozesses. S.138-141

Arsen'ev, V.D.(Arsenjew,W.D.): M.M.Vydrja, Die Sachbeweise im sowjetischen Strafprozeß. S.142-144

Rechtswissenschaft im Ausland

Ur'jas,Ju.P.: Übersicht über die juristische Zeitschrift "Staat und Recht", Jahrgang 1956, der Deutschen Demokratischen Republik. S.145-151

Ladyženskij, A.M.(Ladyshjenskij,A.M.): Asaf,A;A.Fysee, Grundrisse des mohammedanischen Rechts Outlines of muhammadan law 2 nd ed. S.152-153

Bibliographie

Neue juristische Literatur in der UdSSR (Dezember 1956 -Januar 1957) S.154-156

Juristische Literatur aus den Ländern der Volksdemokratien. Deutsche Demokratische Republik (1955-1956) S.157-160

Inhaltsverzeichnis von 1957, Heft 5:

Erörterung der Fragen der weiteren Vervollkommnung der Organisationen der Leitung der Industrie und des Bauwesens.

Die weitere Entwicklung des demokratischen Zentralismus in der Leitung der Wirtschaft und die Aufgaben der sowjetischen Rechtswissenschaft. S.3- 11

Kotok, V.F.; A.V.Lužin; M.J.Piskotin(Lushin.A.W.): Organisatorisch-rechtliche Fragen der weiteren Vervollkommnung der Leitung der Industrie und des Bauwesens. S.12-18

Laptev, V.V.(Laptjew,W.W.): Über die mit der Vervollkommnung der Leitung der Volkswirtschaft in Zusammenhang stehenden Rechtsfragen. S.19-27

Gapoškin,F.G.(Gaposchkin,F.G.): Über die Umgestaltung der Planung der Volkswirtschaft in der UdSSR. S.28-33

Chalfina,R.O.: Die Reorganisation der Leitung der Industrie und die vertraglichen Beziehungen der sozialistischen Organisationen. S.34-39

Brojde,I.M.: Über die neuen Formen der Leitung in der Erdölindustrie. S.40-46

Šor,L.M.(Schor,L.M.): Über die Rechtsstellung der Industriebetriebe. S.47-55

Smirnov,V.K.; R.A.Frid: Für eine weitere Festigung der Selbständigkeit der Betriebe. S.56-61

Ivanov,G.A.; Ja.A.Korf(Iwanow,G.A.): Die Bedeutung des juristischen Dienstes in der Leitung der Industrie muß gehoben werden. S.62-70

Erörterung von Fragen der Kodifizierung der sowjetischen Gesetzgebung

Romaškin,P.S.(Romaschkin,P.S.): Grundlegende Probleme der Kodifizierung der sowjetischen Strafgesetzgebung. S.71-84

Suchodrev,V.N.(Suchodrew,W.N.): Zum Entwurf der Grundlagen des Strafprozesses der UdSSR und der Unionsrepubliken. S.85-93

Karev,D.S.(Karew,D.S.): Einige Fragen der Gesetzgebung über den Aufbau der Gerichte der UdSSR und der Unionsrepubliken. S.94-99

Nikiforov,B.S.(Nikiforow,B.S.): Über den Rückfall und die Vorbestraftheit. S.100-105

Savickij,V.M.(Sawizkij,W.M.): Fragen der Aufsicht der Staatsanwaltschaft über die Wahrung der Gesetzlichkeit in der Tätigkeit der Ermittlungs- und Untersuchungsorgane. S.106-113

Diskussionen

Knapp,V.: Zur Diskussion über das Rechtssystem. S.114-120

Mitteilungen und Bemerkungen

Ovčinnikov,N.I.(Owtschinnikow,N.I.): Die rechtliche Regelung der Bodennutzung des Hoflandes in den Kollektivwirtschaften. S.121-124

Safarov,R.A.(Safarow,R.A.): Die Organisation und die Tätigkeit der Kreisverwaltungen Londons. S.125-129

Wissenschaftliches Leben

Bašmakov,G.S.(Baschmakow,G.S.): Rechtliche Fragen der Entlohnung in den Kollektivwirtschaften. S.130-134

Rezensionen

Die "Wissenschaftlichen Schriften"und die "Wissenschaftlichen Arbeiten" der juristischen Hochschulen (1955) S.135-140

Paparigopulo,S.V.: A.A.Gercenzon: Die Strafrechtstheorie Jean Paul Marat's. S.141-143

Poljanskij,N.N.: A.I.Vinberg, G.M.Min'kovskij, R.D.Rachunov, Die indirekten Beweise im sowjetischen Strafprozeß. S.143-145

Rechtswissenschaft im Ausland

Aus der Chinesischen Volksrepublik. S.146

Sokurenko,V.G.: Aus der juristischen Fakultät der Ljubliner Staatlichen Universität "Marie Curie-Sklodowski". S.146-147

Gromakov, B.S.(Gromakow,B.S.): Corwin,E.S.;L.W.Koenig: The Presidency today. 1956. S.148-152

Bibliographie

Neue juristische Literatur der UdSSR (Januar bis Februar 1957) S.153-155

Juristische Literatur der Länder der Volksdemokratie. Deutsche Demokratische Republik (1955- 1956) S.156-160

E. 12.(26.) VERZEICHNIS DER IN DER BIBLIOTHEK DES DEUTSCHEN INSTITUTS FÜR RECHTSWISSENSCHAFT VORHANDENEN UNVERÖFFENTLICHTEN ÜBERSETZUNGEN[1)]

Gesetzesmaterialien und Dokumente (auch Verfassungen und Kurzkommentare)

1. Gesetz über die Übertragung der Entscheidung von Fragen des administrativ- territorialen Aufbaus der Gebiete und Regionen in die Kompetenz der Unionsrepubliken. Zakon ob otnesenii k vedeniju sojuznych respublik razrešenija voprosov oblastnogo, kraevogo administrativno-territorial'nogo ustrojstva [dt.] 2 S.
Aus: Izvestija. 1957, Nr.36.
[Betr.: UdSSR.] ÜR 951

Gesetz über die Übertragung der Gesetzgebung über den Aufbau der Gerichte der Unionsrepubliken und die Bestätigung des Zivil-und Strafgesetzbuches sowie der Prozeßordnung in die Kompetenz der Unionsrepubliken. Zakon ob otnesenii k vedeniju sojuznych respublik zakonodatel'stva ob ustrojstve sudov sojuznych respublik prinjatija graždanskogo, ugolovnogo i processual'nych kodeksov [dt.] 1 S.
Aus: Izvestija. 1957, Nr 36.
[Betr.: UdSSR.] ÜR 952

Gesetz über die Bestätigung des Erlasses des Präsidiums des Obersten Sowjets der RSFSR "Über die Aufhebung der Verordnungen des Allrussischen ZEK und des Rates der Volkskommissare der RSFSR" vom 10.Dez. 1934."Über die Ergänzung der Strafprozessordnung der RSFSR durch Kapitel XXXIII" und vom 2.Febr.1938 "Über die Ergänzung der Strafprozessordnung der RSFSR durch das Kapitel XXXIV".Zakon ob utverždenii Ukaza Prezidiuma Verchovnogo Soveta RSFSR ot 10 dekabrja 1934 goda "O dopolnenii Ugolovno-Processual'nogo Kodeksa RSFSR glavoj XXXIII" i ot 2 fevralja 1938 goda "O dopolnenii Ugolovno-Processual'nogo Kodeksa RSFSR glavoj XXXIV"[dt.] 1 S.
Aus: Izvestija. 1957. Nr 64. ÜR 963

Verordnung des Justizministers vom 18.November 1952 zur Durchführung des Gesetzes über den sozialrechtlichen Schutz der Jugend. Nařízení kterým se provádí zákon o socialne právní ochraně mládeže [dt.] 14 S.
Aus: Sbírka zakonu republiky Československé. 1952/35.
[Betr.: CSR.] ÜT 406

1) Die hier angezeigte Literatur ist gemäß der Benutzungsordnung der Bibliothek des Deutschen Instituts für Rechtswissenschaft für die Mitglieder des Deutschen Instituts für Rechtswissenschaft, Ministerien und zentrale Institutionen der Deutschen Demokratischen Republik und nach der Leihverkehrsordnung der Bibliotheken ausleihfähig. Verzeichnis 1-4 erschien hektographiert, Verzeichnis 5-14 ist enthalten im Mitteilungsblatt des Deutschen Instituts für Rechtswissenschaft 1953, Nr.1 - 1955, Nr.3

Gesetz über die Bestätigung der Verordnung über das Oberste Gericht der UdSSR und über die Abänderungen und Ergänzungen der Artikel 104 und 105 der Verfassung < des Grundgesetzes > der UdSSR. Zakon ob utverždenii položenija o Verchovnom Sude SSSR i o vnesenii izmenenij i dopolnenij v stat-e 104 i 105 Konstitucii <Osnovnogo Zakona > SSSR. [dt.] 2 S.
Aus: Pravda. 1957/44. ÜR 941

Beschluß des Obersten Sowjets der UdSSR über die Wahl des Obersten Gerichts der Union der Sozialistischen Sowjetrepubliken. Postanovlenie Verchovnogo Soveta SSSR ob izbranii Verchovnogo Suda Sojuza Sovetskich Socialističeskich Respublik [dt.] 1 S.
Aus: Pravda. 1957/44. ÜR 945

Gesetz über die Aufhebung der Transportgerichte und Beschluß des Obersten Sowjets der UdSSR. Zakon ob uprasdnenii transportnych sudov [dt.] 1 S.
Aus: Pravda. 1957, Nr 44. ÜR 943

2.Philosophie

Kovalev,S.: Die Überreste des Kapitalismus im Bewusstsein der Menschen im Sozialismus und die Wege zu ihrer Überwindung. Perežitki kapitalizma v soznanii ljudej pri socializme i puti ich preodolenija [dt.] 36 S. ÜR 956

Kovalgin,V.M.: Über das Wesen des Überbaus. K voprosu o suščnosti nadstrojki [dt.] 15 S.
Aus: Voprosy filosofii. 1956/6. ÜR 962

3.Rechtswissenschaft (Aufgaben und Methoden)

Romaškin,P.; I.Kljačko(Romaschkin,P.; I.Kljatschko): Aktuelle Fragen der Rechtswissenschaft. Aktual'nye voprosy juridičeskoj nauki [dt.] 12 S.
Aus: Pravda. 1957, Nr 67.
[Betr.: UdSSR.] ÜR 958

4.Staats- und Rechtstheorie

Keine Eingänge

5.Geschichte der Staats- und Rechtstheorie

Keine Eingänge

6.Staats- und Rechtsgeschichte

Taubenschlag,R.: Die Geschichte der Rezeption des römischen Rechts in Polen bis zum Ende des 16.Jahrhunderts. La storia della recezione del diritto romano in Polonia fino alla fine del secolo XVI. [dt.] 23 S.
Aus: L'Europa e il diritto romano. Studi in memoria di Paolo Koschaker. Vol.1. 1954. ÜIt 3

7.Völkerrecht und Außenpolitik

Bauman,Z.: Einige theoretische Bemerkungen zum Prinzip des demokratischen Zentralismus. Kilka uwag teoretycznych o zasadzie centralizmu demokratycznego [dt.] 26 S.
Aus: Nowe drogi. 1957/3
[Betr.: Polen.]
ÜP 511

Donner,D.: Rezension über Heinrich Brandweiner "Die Pariser Verträge" [dt.] 7 S.
Aus: Právník. 1957/3.
ÜT 404

Ein Jahr "Europäische Montan-Union". Un anno die Corporazione Europea di Carboni i Aciaio [dt.] 14 S.
Aus: CGIL - Notiziario. Nr 12/154.
ÜIt 1

Sobolewski,M.: Aus der Problematik des sozialistischen Parlamentarismus. Z problematyki socjalistyctnego parlamentaryzmu. [dt.] 37 S.
Aus: Pański i prawo. 1956/12.
[Betr.: Polen.]
ÜP 506

8.Staatsrecht

Hochfeld, J.: Fragen des Parlamentarismus unter den Bedingungen der Volksdemokratie. Z zagadnień parlamentaryzmu w warunkach demokracji ludowej [dt.] 26 S.
Aus: Nowe drogi. 1957/4.
[Betr.: Polen.]
ÜP 513

Lakatoš,M.: Eine Monographie über die Gesetzgebungstätigkeit des Sowjetstaates. Rezension über D.A. Kerimow, Die Gesetzgebungstätigkeit des Sowjetstaates. Monografie o zákonodárné činnosti sovětského státu. [dt.] 16 S.
Aus: Právník. 1957/3.
ÜT 410

Mozosov, P.: Wie die Arbeiter und Bauern der Sowjetunion ihren Staat regieren, Kak rabočie i krest'jane sovetskogo sojuza upravljajut svoim gosudarstvom. [dt.] 22 S.
Orig.ersch.: Tambow 1956.
ÜR 949

9.Gerichtsverfassung(einschließlich Staatsanwaltschaft, Justizverwaltung, Notariat und Anwaltschaft)

Über die öffentlichen Gerichte. Ob obščestvennych sudach [dt.] 5 S.
Aus: Izvestija. 1957, Nr 67.
[Betr.: UdSSR.]
ÜR 960

Goljakova,I.T.: Der Rechtsanwalt im Sowjetischen Strafprozeß. Advokat v sovetskom ugolovnom processe [dt.] 77,208 u.54 S.
Orig. ersch.: Moskau, Gosjurizdat 1954.
ÜR 940

Lebedinskij, V.G.: Die Organisation der Arbeit der sowjetischen Staatsanwaltschaft. Organizacija raboty sovetskoj prokuratur [dt.] 234 S.
Orig.ersch.: Moskau: Staatsverl.f.jurist.Lit. 1953.
ÜR 938

Diskussion zum Bericht über die Bestätigung der Verordnung über das Oberste Gericht der UdSSR. Prenija po dokladu ob utverždenii položenija o Verchovnom Sude SSSR [dt.] 4 S.
Aus: Pravda. 1957, Nr 44.
[Betr.: UdSSR.]
ÜR 947

10.Verwaltungsrecht und Allgemeine Aufsicht des Staatsanwalts

Bar, L.: Die Notwendigkeit der gerichtlichen Kontrolle der Verwaltung. O potrzebie sadowej kontroli administracji [dt.] 35 S.
Aus: Państwo i prawo. 1957/1.
[Betr.: Polen.] ÜP 515

11.Finanzrecht

Keine Eingänge

12.Strafrecht, Strafprozeß

Gelfer,M.A.: Grundzüge des Strafrechts der Föderativen Volksrepublik Jugoslawien. Osnovnye čerty ugolovnogo prava Federativnoj Narodnoj Respubliki Jugoslavii [dt.] 44, 2 S.
Orig.ersch.: Moskau, Gosjurizdat 1956. ÜR 957

Grabovskaja,N.P.: Diplom-und Kursarbeiten über das sowjetische Strafrecht. Diplomnye i kursovye raboty po sovetskomu ugolovnomu pravu [dt.] 62 S.
Orig.ersch.: Leningrad, Verl.d.Leninger. Univ.1956. ÜR 955

Guensberger,E.: Zur Frage der gesetzlichen Regelung des der Unzurechnungsfähigkeit nahekommenden Zustandes und des Zustandes der verminderten Zurechnungsfähigkeit. K otázke zákonnej úpravy stavov blizkych nepričetnostia stavov zmenšenej pričetnosti [dt.] 16 S.
Aus: Právny obzor. 1957/2. ÜT 396

Mančal,J.: Zum Begriff des Staatsgeheimnisses. K pojmu státního tajemství [dt.] 15 S.
Aus: Právny obzor. 1956/10.
[Betr.: ČSR.] ÜT 412

Piontkovskij, A.A.: Die Strafrechtstheorie Hegels in Verbindung mit seiner Lehre von Recht und Staat. Ugolovno pravovaja teorija Gegelja v svjasi s rgo učeniem o prave i gosudarstve [dt.] Getr.Pag.
Orig.ersch.: Moskau,Allunionsinst. d.Justizministerium d.UdSSR 1947.
ÜR 966

Šamlieva,L.(Schamliewa): Die Jugendkriminalität und ihre Bekämpfung. Junoseskata prestupnost i borbata s neja [dt.] 16 S.
Aus: Socialističesko pravo. 1956/6.
[Betr.: Bulgarien.] ÜB 166

Takov, I.: Der Fehler in der Notwehr und im Notstand. Greškata pri neizbežnata otbrana i krajnata neobchodimost [dt.] 18 S.
Aus: Socialističesko pravo. 1956/8.
[Betr.: Bulgarien.] ÜB 170

13.Kriminalistik, Gerichtliche Medizin, Gerichtspsychiatrie,-psychologie

Angelov,A.V.: Das gerichtsmedizinische Gutachten und die Funktionen der Untersuchungs-und Gerichtsorgane und des ärztlichen Sachverständigen. Sudebno-medicinskata ekspertiza i roljata na sledstvenite i sudebni organii na lekarja vešco lice. [dt.] 22 S.
Aus: Socialističesko pravo. 1956/6.
[Betr.: Bulgarien.] ÜB 164

Nejkov, St.: Die gerichtsmedizinische Begutachtung von Verdächtigten und Verhafteten als Beweisquelle in Mordsachen und bei anderen Verbrechen. Sudebno-medicinska ekspertiza na zapodzreni i zaduržani lica, kato iztočnik na dokazatelstva po dela za ubiistva ili drugi prestuplenija [dt.] 21 S.
Aus: Socialističesko pravo. 1956/8.
[Betr.: Bulgarien.] ÜB 168

14.Zivilrecht

Hendrych,D.: Die rechtliche Regelung der Verbindung zwischen dem Aussenhandelsunternehmen und dem Abnehmer beim Warenimport. Právni úprava styku mezi podnikem zahranicního obchodu a odberatelem při dovozu zboží [dt.] 27 S.
Aus: Socialistické zákonnost. Jg 4. 1956/7.
[Betr.: ČSR.] ÜT 398

15.Urheber- und Erfinderrecht

Keine Eingänge

16.Vertragssystem, Vertragsgerichtliches Verfahren

Bantčev,C.(Bantschew,S.): Die rechtliche Stellung der Aussenhandelsbetriebe und das Arbitrageverfahren der Verhandlung über Streitigkeiten zwischen ihnen und ausländischen Vertragspartnern.Pravnopoloženie na vanšnotargovskite predprijatija i arbitraznija red sa rasgleždana sporove mezdu tjach i čuždestrannite kontragenti [dt.] 18 S.
Aus: Socialističesko pravo. 1956/8.
[Betr.: Bulgarien.] ÜB 162

17.LPG- Recht, Bodenrecht

Beschluß des III. Staatskongresses der Landwirtschaftlichen Einheitsgenossenschaften. Usnesení III celostátního sjezdu JZD [dt.] 9 S.
Aus: Rudé právo. 1957/84.
[Betr.: ČSR.] ÜT 402

Svátek, M.: Das Verhältnis der Musterstatuten der Landwirtschaftlichen Einheitsgenossenschaften zu den eigenen Statuten der Genossenschaft und die Fragen der Rechtsvorschriften,die die Tätigkeit in den Landwirtschaftlichen Einheitsgenossenschaften 2.Typs regeln. Pomer vzorových stanov JZD k vlastním stanovám družstva a otázky právnich předpisú upravujících činnost v JZD 2.typu [dt.] 18 S.
Aus: Právník. 1957/1.
[Betr.: ČSR.] ÜT 408

18.Familienrecht

Eliáš,J.: Die gesetzliche Vermögensgemeinschaft. Zákonné společenství majetkové [dt.] 37 S.
Aus: Právník. 1954. Jg 93. Nr 9/10.
[Betr.: ČSR.] ÜT 407

Kutikov,V.(Kutikow,W.): Die letzten Änderungen des Familiengesetzes und das bulgarische internationale Privatrecht. Poslednite izmenenija v zakona za licata i semejstvoto i bulgarskoto meždunarodno častno pravo [dt.]
Aus: Socialističesko pravo. 1956/6. 13 S.
[Betr.: Bulgarien.] ÜB 172

Steiner,J.:Die Koaquisition und die gesetzliche Gütergemeinschaft. Koakvizicia a zákonné majetkové spoločenstvo [dt.] 13 S.
Aus: Právny obzor.Jg 35,1952,Nr 8.
[Betr.:Slowakei.] ÜS 1o4

19.Zivilprozess (einschliesslich Familienrechtliches Verfahren)

Judel'son,K.S.: Das Problem der Beweisführung im sowjetischen Zivilprozess.Problema dokazyvanija v sovetskom graždanskom processe [dt].
Original ersch.:Moskau,Gosjurizdat 1951. Teil 2,Kap.1:Kreis der Subjekte der Beweistätigkeit.-Kap.2:Die Parteien als Subjekte der Beweisführung.Ihre Grundrechte und -pflichten in der Beweisführung.-Kap.3:Dritte Personen im Prozess der Beweisführung.-Kap.4:Die Vertreter der Parteien als Subjekte der Beweisführung.-Kap.5:Die Beweistätigkeit des Staatsanwaltes im sowjetischen Zivilprozess.-Kap.6:Initiativ- und aktive Tätigkeit des Sowjetgerichtes im Zivilprozess.-Teil 3,Kap.3: Befreiung von der Beweisführung allgemein bekannter Tatsachen.-Kap.4: Die Bedeutung präjudizial festgestellter Tatsachen als Beweise. ÜR 937

20.Arbeitsrecht und Arbeitsgerichtliches Verfahren

Keine Eingänge

21.Internationales Privatrecht

Pereterskij,I.S.: Internationales Privatrecht. Meždunarodnoe častnye pravo. [dt.] 2 Bde
Orig.ersch.: Moskau: Jurist.Verl.d.Min.d.Justiz d.UdSSR 1940. ÜR 954

22.Sonstiges

Vaněček,V.: Die Repräsentanten der tschechoslowakischen Rechtswissenschaft zu Besuch in der Sowjetunion. Predstavitelé čs.právni vedy navštěvou v SSSR [dt.] 5 S.
Aus: Právník. 1957/3. ÜT 400

ALPHABETISCHES SACHGRUPPENVERZEICHNIS

FSC
www.fsc.org
MIX
Papier | Fördert
gute Waldnutzung
FSC® C083411

Kolibri 360 GmbH
Ferdinand-Jühlke-Straße 7
99095 Erfurt, Deutschland
produktsicherheit@kolibri360.de